Bewerbungstraining

BERUFLICHE QUALIFIZIERUNG

Herausgegeben von Werner Schwendenwein

Band 13

PETER LANG
Frankfurt am Main · Berlin · Bern · Bruxelles · New York · Oxford · Wien

Birgit Stiassny-Gutsch

Bewerbungstraining
Fachtheoretisches und
fachpraktisches Ausbildungscurriculum
unter Einbeziehung von Berufswahlprozess
und rationalem Entscheidungsverhalten

PETER LANG
Europäischer Verlag der Wissenschaften

Die Deutsche Bibliothek - CIP-Einheitsaufnahme

Stiassny-Gutsch, Birgit:

Bewerbungstraining : Fachtheoretisches und fachpraktisches Ausbildungscurriculum unter Einbeziehung von Berufswahlprozess und rationalem Entscheidungsverhalten / Birgit Stiassny-Gutsch. - Frankfurt am Main ; Berlin ; Bern ; Bruxelles ; New York ; Oxford ; Wien : Lang, 2002
(Berufliche Qualifizierung ; Bd. 13)
ISBN 3-631-38607-9

Gedruckt auf alterungsbeständigem,
säurefreiem Papier.

ISSN 0946-0934
ISBN 3-631-38607-9
© Peter Lang GmbH
Europäischer Verlag der Wissenschaften
Frankfurt am Main 2002
Alle Rechte vorbehalten.

Das Werk einschließlich aller seiner Teile ist urheberrechtlich geschützt. Jede Verwertung außerhalb der engen Grenzen des Urheberrechtsgesetzes ist ohne Zustimmung des Verlages unzulässig und strafbar. Das gilt insbesondere für Vervielfältigungen, Übersetzungen, Mikroverfilmungen und die Einspeicherung und Verarbeitung in elektronischen Systemen.

Printed in Germany 1 2 3 4 5 7

www.peterlang.de

Geleitwort

Frau Stiassny-Gutsch hat als gelernte Pädagogin und erfahrene Trainerin an einem österreichischen Wirtschaftsförderungsinstitut (WIFI) ihre Erfahrungen mit Berufsorientierungsaufgaben in die Entwicklung eines fachtheoretischen und fachpraktischen Ausbildungscurriculums zum erfolgreichen Durchführen von Bewerbungstrainings für Jugendliche einfließen lassen. Die Dokumentation dieser einander ergänzenden Ausbildungscurricula ist deshalb so wichtig, weil sich gezeigt hat, dass die im Rahmen der neunjährigen Pflichtbildung kooperativ vermittelte Berufsorientierung (als Unterrichtfach und/ oder Unterrichtsprinzip) mit außerschulischen Partnern (Ausbildungsbetriebe, autorisierte Beratungseinrichtungen der Arbeitgeber- sowie Arbeitnehmervertretung, etc), wenn sie ohne Bewerbungstraining durchgeführt worden ist, keine erwerbslebensrelevante Schlüsselqualifikation besitzt, obwohl eine solche von den meisten Menschen früher oder später zur Erlangung eines Erwerbsarbeitsplatzes benötigt wird.

Ein Hauptziel schulisch geprägter Berufsorientierung bleibt allerdings nach wie vor, dass gegen Ende der Sekundarstufe 1 (entweder auf der 8. oder auf der 9. Schulstufe) der Jugendliche selbst eine rationale und aufgrund seiner Individuallage optimale Ausbildungswahl als notwendige Voraussetzung für eigene Bewerbungsaktivitäten treffen kann. Die meisten Jugendlichen müssen nämlich zu einem dieser beiden Zeitpunkte eine Bildungsentscheidung treffen: (1) Besucher der Unterstufe des Gymnasiums müssen sich auf der 8. Schulstufe zum Weiterverbleib oder zum Wechsel in eine bestimmte Oberstufengymnasiumsvariante oder in eine bestimmte berufsbildende Vollzeitschule ohne (reguläre Fachkräfteausbildung in einem enger definierten Berufsfeld) oder mit Reifeprüfungsabschluss (allgemeine Matura und Fachmatura) entscheiden; (2) für Hauptschüler stellt sich wiederum die Frage, ob sie in eine bestimmte Oberstufengymnasiumsvariante oder in eine bestimmte berufsbildende Vollzeitschule oder in die einjährige Polytechnische Schule (9. Schulstufe) einmünden sollen, die mit Betonung des Unterrichtsfachs Berufskunde besonders auf den Eintritt in eines der vorhandenen Dualsysteme gezielt vorbereitet, und wo das Ergebnis aller Unterrichtsbemühungen letztendlich darin zum Ausdruck kommt, dass der Jugendliche seine Entscheidung, in einem oder in zwei Ausbildungsberufen (Einfach- oder Doppellehre) qualifiziert werden zu wollen, überzeugend begründen kann.

Während Bewerber zur erfolgreichen Aufnahme in höhere (berufsbildende) Schulen eigentlich nur neben dem Ausfüllen der Anmeldungsformulare die testmäßig durchgeführten Aufnahmeprüfungen zu bestehen haben und auch keine konkreten Berufswünsche äußern müssen, ist der Bewerbungsmodus, einen Ausbildungsplatz beispielsweise im Gewerblichen Dualsystem zu bekommen, sehr unterschiedlich und vergleichsweise anspruchsvoll. Praktizieren Großbetriebe mit Ausbildungswürdigkeit gestufte Vorselektionsmodelle mit vollzeitschulähnlichen Aufnahmeprüfungen und gegebenenfalls mit Einsatz von Assessment Centers bis der Aufnahmewerber (Lehrstellensuchende) zum eigentlichen Aufnahmegespräch gelangt, das über seine Aufnahme oder Ablehnung entscheidet, vollzieht sich die Auswahl in Kleinst- und Kleinbetrieben mit Ausbildungswürdigkeit vorrangig über den Verlauf des Vorstellungsgesprächs, sofern es überhaupt zu einem solchen kommt, wenn nicht aus der Sicht eines potentiellen Ausbildungsverantwortlichen entweder die schriftlichen Bewerbungsunterlagen oder der Versuch einer telefonischen Terminvereinbarung erwartungstreu waren. Mit anderen Worten: Für künftige und prinzipiell geeignete Einfach- wie auch Doppellehrlinge ist es ungleich schwieriger eine Ausbildung zu bekommen als für Jugendliche, die sich für eine vollzeitschulische Qualifizierung entschlossen haben. Ganz schwierig einen Ausbildungsplatz zu finden wird es daher erst recht für jene Jugendlichen, die beispielsweise als leistungsschwach einzustufen sind und noch zusätzlich Verbalisierungsprobleme besitzen und/ oder ungünstige Erziehungsprodukte (keine erwarteten Umgangsformen, unangemessenes Outfit, etc) repräsentieren, für die der Beschulungskreislauf, dem die meisten Lehrpersonen heute unterliegen, mitverantwortlich ist.

An dieser Stelle setzt das Ausbildungscurriculum Bewerbungstraining als Nachschulungsmöglichkeit ein, das gegenwärtig besonders in der außerschulischen Berufsorientierung für Lehrstellensuchende zur Verbesserung ihrer Aufnahmechancen angeboten wird, vor allem dann, wenn diese bereits erfahren mussten, dass schon falsches Detailverhalten in einem Bewerbungsversuch Ablehnung zur Folge hatte. Es will aber auch einen Leitfaden darstellen und pädagogisches Know How für Berufsorientierungs- und Berufskundelehrer im Rahmen ihrer vorberuflichen Unterrichtsbemühungen vermitteln, damit diese ihre Schüler auf Erwartungen und Erfordernisse potentieller Ausbildungsverantwortlicher effizient vorbereiten können, ohne dabei aber in den fatalen Fehler zu verfallen, „Bewerbungsschauspieler" zu produzieren, die nach der Probezeit ihr künstliches Feiertagsgesicht mehr oder weniger abrupt abstreifen. Es muss von den Berufsorientierungs- und Berufskundelehrern begriffen werden, (a) dass sich der Lehrinhalt ihres Unterrichtsfachs in der letzten Phase der Bildungsarbeit auch praktisch in der Lehrstellensuche bewähren muss, weil ihre Schüler (Jugendlichen, Schulabgänger) keine konkreten Erfahrungen mit dem Ausbildungsmarkt haben und diese die für sie oft unerwartete Erfahrung machen müssen, dass gute oder schlechte Zeugnisse nach wie vor eine Schlüsselfunktion in der Vorselektion einnehmen und (b) dass ihre Schüler meist das erste Mal in ihrem bisherigen Leben in eine Situation kommen, wo Eigeninitiative mit geeigneten Verhaltensweisen gefordert und anfallende Frustrationserlebnisse auch verkraftet werden müssen, wobei die beharrliche Zielverfolgung durch den Lehrstellensuchenden nicht verloren gehen darf.

Die Bedeutung dieses von Frau Stiassny-Gutsch elaborierten Ausbildungscurriculum „Bewerbungstraining" für schulische und außerschulische Berufsorientierung geht weit über die Lehrstellensuche im Zuge der Erstberufsausbildung hinaus, wenn man bedenkt, dass der Inhalt desselben erwerbslebensrelevant ist, weil sich Menschen während ihres Erwerbslebens mehr oder weniger oft um einen Erwerbsarbeitsplatz, sei es nur um einen simplen Job, bemühen müssen, was ohne angemessene Kommunikation kaum erfolgreich verläuft. In diesem Sinne wünsche ich der Verbreitung dieser Publikation viel Erfolg.

Wien, im Jänner 2002   Werner Schwendenwein

INHALTSVERZEICHNIS

0	VORWORT..	15
1	BERUFSWAHL UND BERUFSWAHLTHEORIEN.....	17
1.1	Berufswahl..	17
1.1.1	Gesetzliche Bestimmungen...	17
1.1.2	Definition Berufswahl...	17
1.1.2.1	Berufswahl als Prozess..	18
1.1.2.2	Berufswahl als Produkt..	18
1.2	Berufswahltheoretisches Orientierungswissen..............	19
1.3	Kommentar und Konsequenzen für die Berufsberatung sowie berufspädagogische Vorbereitungsmaßnahmen...	25
1.4	Zusammenfassung..	32
2	RATIONAL-AUTONOMES ENTSCHEIDUNGSVERHALTEN...	33
2.1	Entscheidungstheoretisches Orientierungswissen.......	33
2.1.1	Rational-autonomes Entscheidungsverhalten.............	33
2.1.2	Auswirkungen von Rahmenbedingungen auf die Qualität des Informations- und Entscheidungsverhaltens..	36
2.1.3	Fehlentscheidungen..	37
2.1.3.1	Auswirkungen auf das Individuum................................	37
2.1.3.2	Auswirkungen auf die Gesellschaft...............................	37
2.2	Rationales Entscheidungsprofil.....................................	38
2.3	Zusammenfassung..	40
3	AUSBILDUNGSCURRICULA BEWERBUNGSTRAINING...	42
3.1	Beschreibung didaktischer Vermittlungselemente.......	42
3.1.1	Informationsinput...	42
3.1.1.1	Lehrervortrag...	42
3.1.1.2	Textinput..	44
3.1.1.3	Audio-visueller Input..	44
3.1.2	Eigenständige Verarbeitungsformen.............................	45

3.1.2.1	Einzelarbeit...	45
3.1.2.2	Kleinstgruppenarbeit (Partnerarbeit).....................	46
3.1.2.3	Kleingruppenarbeit..	46
3.1.3	Interkommunikatives Verarbeitungslernen............	47
3.1.3.1	Lehrergeleitetes Verarbeitungsgespräch...............	47
3.1.3.2	Diskussion..	48
3.1.3.3	Reproduzierend-kreatives Rollenspiel...................	48
3.1.4	Unterweisung als selbstständiges didaktisches Vermittlungselement..	49
3.1.5	Ausbildungsorientiertes Rollenspiel als Trainingselement..	50
3.2	Curriculare Präliminarien.......................................	52
3.2.1	Generelle Leitziele...	52
3.2.2	Die Bedeutung des Bewerbungstrainings für den Lehrgangsteilnehmer...	52
3.2.3	Zu erwerbende allgemeine und spezielle Fähigkeiten..	53
3.2.3.1	Definition des Formalfundamentums.....................	53
3.2.3.2	Definitionen..	53
3.2.4	Didaktisch-methodische Grundsätze.....................	56
3.2.4.1	Definition...	56
3.2.4.2	Didaktisch-methodische Grundsätze im fachtheoretischen Unterricht.................................	56
3.2.4.3	Didaktisch-methodische Grundsätze im fachpraktischen Unterricht....................................	58
3.2.4.3.1	Thematische Bezüge zwischen fachtheoretischem und fachpraktischem Ausbildungscurriculum herstellen..	58
3.2.4.3.2	Den fachpraktischen Ausbildungspass einsetzen......	58
3.2.4.3.3	Üben in Klein- und Kleinstgruppenarbeit...............	58
3.2.4.3.4	Selbstfeedback vor Fremdfeedback......................	60
3.2.4.3.5	Zeitliche Platzierung des Bewerbungstrainings........	62
3.2.4.3.6	Regelmäßige Überprüfungen von bereits korrekt ausgeführten Lernzielen durchführen....................	62
3.2.4.3.7	Übungsplateaus...	62
3.2.4.3.8	Persönliche Bewerbungsstrategie zurechtlegen.........	62
3.3	Fachtheoretisches Ausbildungscurriculum............	63
3.3.1	Curriculumeinheit 1: Arbeitgeber und Arbeitnehmer...	63

3.3.2	Curriculumeinheit 2: Persönliche Stärken und Schwächen...	64
3.3.3	Curriculumeinheit 3: Aktuelle Arbeitsmarktlage, Institutionen und Informationsquellen...	66
3.3.4	Curriculumeinheit 4: Nonverbale und verbale Kommunikation und deren Bedeutung für Vorstellungsgespräche...	68
3.3.5	Curriculumeinheit 5: Tests und Personalfragebögen...	69
3.3.6	Curriculumeinheit 6: Werbung und Bewerbung...	70
3.3.7	Curriculumeinheit 7: Schriftliche Bewerbung...	71
3.3.8	Curriculumeinheit 8: Professionelles Telefonieren mit Firmen...	74
3.3.9	Curriculumeinheit 9: Das Vorstellungsgespräch...	75
3.4	Fachpraktisches Ausbildungscurriculum...	77
3.4.1	Curriculumeinheit 1: Nonverbale und verbale Kommunikation sowie Präsentation...	77
3.4.2	Curriculumeinheit 2: Atem- und Entspannungsübungen...	82
3.4.3	Curriculumeinheit 3: Schriftliche Bewerbung...	83
3.4.4	Curriculumeinheit 4: Telefontraining...	86
3.4.5	Curriculumeinheit 5: Sowohl ausbildungsorientiertes Rollenspiel - als auch Vorstellungsgespräch...	87
3.5	Kennzeichen professionellen Trainerberufsvollzugs...	91
3.6	Zusammenfassung...	94
4	**DER BERUFSINFORMATIONS- UND BILDUNGSBERATUNGSSERVICE (BIBS)...**	**95**
4.1	Entstehung...	95
4.2	Ziel des BIBS...	96
4.3	Philosophie des BIBS...	96
4.4	Angebote des BIBS...	97
4.4.1	Angebote für Privatpersonen...	97
4.4.1.1	Einzelberatungen...	97
4.4.1.2	Selbstinformation...	98
4.4.2	Angebote für Unternehmen...	99
4.4.3	Angebote für Schulen...	99
4.4.3.1	Projektstart...	99
4.4.3.2	Der Europäische Sozialfonds (ESF)...	100

4.4.3.3	Berufspädagogische Maßnahmen des Europäischen Sozialfonds (ESF) Projekts Bildungsberatungsoffensive...	100
4.4.3.3.1	Vortragsserie für Lerner und Eltern zur Berufs- und Schulwahl...	100
4.4.3.3.2	Berufslehrpfad...	102
4.4.3.3.3	Gruppentests und Einzelberatungen...	104
4.4.3.3.4	„Abenteuer Beruf"...	105
4.4.3.3.5	Bewerbungstraining...	106
4.4.3.3.6	Betriebsexkursionen...	108
4.5	Positionierung berufspädagogischer Maßnahmen im Berufswahlmodell...	109
4.6	Ressourcen...	110
4.6.1	Personelle Ressourcen...	110
4.6.1.1	Organisation...	110
4.6.1.2	Trainer- und Beraterteam...	111
4.6.2	Räumliche Ressourcen...	112
4.6.3	Ressourcen berufskundlichen Informationsmaterials..	112
4.7	Entwicklung des BIBS...	113
4.8	Zusammenfassung...	115
5	**ZUSAMMENFASSENDE DARSTELLUNG DER ARBEIT MIT SCHLUSSBEMERKUNGEN**...	**117**
6	**LITERATURVERZEICHNIS**...	**120**
7	**SACHREGISTER**...	**123**

ABKÜRZUNGSVERZEICHNIS

Abb.	Abbildung
AHA	Auskunft und Hilfe in Ausbildungsfragen
AHS	allgemeinbildende höhere Schule
AMS	Arbeitsmarktservice
AV	audio-visuell
BHS	berufsbildende höhere Schule
BGBl.	Bundesgesetzblatt
BIBS	Berufs- und Bildungsberatungsservice
BIC	Berufs-Informations-Computer
BIFO	Berufsinformation Vorarlberg
BIPOL	Bildungspolitik, bildungspolitische Abteilung
BIWI	Berufsinformation der Wiener Wirtschaft
BIZ	Berufsinformationszentren
bzw	beziehungsweise
dh	das heißt
DIN	Deutsche Industrienorm
EDV	Elektronische Datenverarbeitung
ESF	Europäischer Sozialfond
ER	ergänzend
etc.	et cetera
EX	existentiell
FdH	fachdidaktischer Hinweis
Kfz	Kraftfahrzeug
LI	Lerninhalt
LZ	Lernziel
maW	mit anderen Worten
PC	Personal Computer
RGBl.	Reichsgesetzblatt
s.	siehe
S.	Seite
Tab.	Tabelle
TV	Television
UN	United Nations
usw	und so weiter
vgl.	vergleiche
WIFI	Wirtschaftsförderungsinstitut
zB	zum Beispiel
zit.n.	zitiert nach
§	Paragraph

0 VORWORT

Die Bedeutung der Vorbereitung auf die Bewerbungssituation ist im Wachsen, da Auswahlverfahren komplexer werden, die Anforderungen an die Aufnahmewerber steigen und der Wettbewerb unter den Aufnahmewerbern härter wird. In der Bewerbungssituation ist der Aufnahmewerber gefordert Werbung für sich selbst zu machen und seine Stärken sowie seine gesamte Persönlichkeit optimal zu präsentieren. Dies setzt intensive Auseinandersetzung mit der eigenen Person, verbale Kommunikationsfähigkeit sowie Selbstsicherheit im persönlichen Auftreten voraus. Authentizität im Auftreten wie auch im verbalen und nonverbalen Austausch ist von hoher Relevanz, da beispielsweise ein Vorstellungsgespräch nicht als Verstellungsgespräch angesehen werden soll, weil eine einmalig erbrachte schauspielerische Leistung lediglich eine Momentaufnahme darstellt und für Zufriedenheit und langfristigen Erfolg im Berufsvollzug kontraproduktiv ist und zum Ausscheiden aus dem Unternehmen führen kann.

Jugendlichen Aufnahmewerbern wird in vielen Fällen erstmals nach Schulabschluss Selbstverantwortung, Eigeninitiative und Beharrlichkeit abverlangt. Der Lehrgang Bewerbungstraining ermöglicht ein Erproben im geschützten Rahmen, um eigene Verhaltens- und Kommunikationsmuster sowie daraus resultierende positive oder negative Konsequenzen zu erleben, kritische Selbstreflexion zu fördern und mit Feedback konstruktiv umzugehen mit der Intention erfolgreiche individuelle, authentische Bewerbungsstrategien zu entwickeln.

Im Idealfall setzt Bewerbungstraining bereits als flankierende Maßnahme, die Persönlichkeitsbildung unterstützend, bereits in der Schule ein, deren Aufgabe es ist aufs Erwerbsleben vorzubereiten und nicht an den Erfordernissen von Gesellschaft und Wirtschaft vorbeizuproduzieren. Dies kann nur durch qualifizierte Lehrpersonen geschehen, die um den Stellenwert einer ganzheitlich gebildeten Persönlichkeit im Wirtschaftsleben wissen. Das Wissen um (a) den Berufswahlprozess, (b) Berufswahltheorien, (c) Determinanten der Berufswahl sowie (d) rational-autonomes Entscheidungsverhalten ist eine unabdingbare Voraussetzung für die Qualifizierung der Lehrperson in Bewerbungstrainings. In der Arbeit mit 15-19 jährigen Lernern ist einem Verhaltensmuster, das als „passive Berieselungstaktik" bezeichnet werden kann, entgegenzuwirken, durch Anregung der Reflexion über sich selbst, über eigene Bedürfnisse, Berufswünsche sowie Lebensziele. Dazu ist es von existenzieller Bedeutung, dass jugendliche Aufnahmewerber lernen Eigeninitiative und Engagement zu zeigen sowie Ziele mit Beharrlichkeit zu verfolgen und Verbindlichkeit gegenüber dem sich selbst Vorgenommenen zu verspüren. In berufspädagogischen Maßnahmen ist es daher Ziel, Selbstbestimmung, Selbstreflexion und Schlüsselqualifikationen sowie klassische (traditionelle),für den Berufsvollzug relevante Arbeitstugenden zu fördern. Die nach wie vor vorherrschende pädagogische „Jedermannsqualifikation" bei Trainern im Erwachsenenbildungsbereich und das Fehlen eines Berufsanforderungsprofils in Kombination mit aus berufspädagogischer Sicht unzulänglichen Konzepten unterstreicht die Notwendigkeit von Ausbildungscurricula für Bewerbungstrainings, da diese professionelles Planen, Vorbereiten und Durchführen von standardisierten Maßnahmen gewährleisten somit den Trainer im professionellen Berufsvollzug unterstützen.

Aus Vereinfachungsgründen werden im Text sämtliche Bezeichnungen wie beispielsweise „Trainer" oder „Lehrgangsteilnehmer" ausschließlich in der männlichen Form verwendet, beziehen sich aber in jedem Falle auch auf das weibliche Pendant. Weiters wird das Bewerbungstraining als Lehrgang, die Lehrperson als Trainer und der Lerner in diesem Zusammenhang als Lehrgangsteilnehmer bezeichnet.

Eisenstadt, im Januar 2002   Birgit Stiassny-Gutsch

Die Zitierung erfolgt in folgender Weise: An erster Stelle steht die Zahl, unter der das Werk im Literaturverzeichnis angeführt ist, an zweiter Stelle steht die Angabe der Seite(n), auf die Bezug genommen wird, zum Beispiel (17, S. 123-125). Diese Arbeit wurde nach den Richtlinien der neuen Rechtschreibung verfasst.

1 BERUFSWAHL UND BERUFSWAHLTHEORIEN

1.1 Berufswahl

1.1.1 Gesetzliche Bestimmungen

Die Freiheit der Berufswahl, des Arbeitsplatzes und des Ausbildungsortes ist gesetzlich geregelt im (a) Staatsgrundgesetz im Artikel 18: „Es steht jedermann frei, seinen Beruf zu wählen und sich für denselben auszubilden, wie und wo er will" (RGBl. Nr. 142/1867 zit.n. http://www.ris.gv.at); (b) weiters in der Präambel des Übereinkommens (Nr. 122) über die Beschäftigungspolitik aus dem Jahr 1972, welche Bezug nimmt auf die Allgemeine Erklärung der Menschenrechte, wonach „jeder Mensch ... das Recht auf Arbeit, freie Berufswahl, auf angemessene und befriedigende Arbeitsbedingungen sowie auf Schutz gegen Arbeitslosigkeit" hat und (c) im Internationalen Pakt über wirtschaftliche, soziale und kulturelle Rechte im Artikel 6, in welchem laut § 1 festgehalten wird: „Die Vertragsstaaten anerkennen das Recht auf Arbeit, welches das Recht jedes einzelnen auf Möglichkeit, seinen Lebensunterhalt selbst durch frei gewählte oder angenommene Arbeit zu verdienen, umfaßt, und unternehmen geeignete Schritte zum Schutze dieses Rechts" und laut § 2 „Die von einem Vertragsstaat zur vollen Verwirklichung dieses Rechts zu unternehmenden Schritte umfassen fachliche und berufliche Beratung und Ausbildungsprogramme ..." (BGBl. Nr. 590/1978 zit.n. http://www.ris.gv.at). Bei der UN-Vollversammlung im Jahr 1989 wurde in der Konvention über die Rechte des Kindes im Artikel 28 das Recht des Kindes auf Bildungs- und Berufsberatung anerkannt, welches allen Kindern verfügbar und zugänglich gemacht werden soll.

1.1.2 Definition Berufswahl

Berufswahl ist ein äußerst komplexer Prozess zwischen dem berufswählenden Lerner und seiner Umwelt. Am Ende dieses Interaktionsprozesses wird vom berufswählenden Lerner eine rational-autonome Entscheidung (vgl. 37, S. 456) getroffen, deren Resultat bzw Produkt (a) eine Einmündung in einen bestimmten Beruf oder (b) ein Eintritt in einen weiteren schulischen Ausbildungsweg sein kann.

1.1.2.1 Berufswahl als Prozess

Der Prozess ergibt sich durch das Sammeln von Informationen über (1) den berufswählenden Lerner selbst durch (a) Erstellen eines aktuellen Persönlichkeitsprofils mittels psychologischer Testverfahren, um Informationen über individuelle Fähigkeiten und Interessen zu erlangen, (aa) Feststellen des aktuellen Wissensstandes des berufswählenden Lerners über Berufe und Ausbildungsmöglichkeiten mittels informeller Selbst- oder Fremdevaluation, (bb) Abklären von subjektiven Erwartungen über Berufsvollzug, Arbeitsklima, Einstellungen, Werthaltungen und Bereitschaft bezüglich Mobilität, Einkommen, Überstunden, Dauer der Anreise zum Arbeitsort und (cc) Auseinandersetzung mit eigenen Berufswünschen, Lebensplänen und Bedürfnissen, (2) Berufsausbildungen und schulischen Ausbildungsweg (Abarbeiten von Berufsbildern und Schulprofilen, inklusive Image von Ausbildungsebenen), (3) Analyse des Arbeitsmarktes inklusive zukunftsträchtige Berufe, Arbeitsmarktchancen, vorhandene Ausbildungsplätze (offene Lehrstellen), (4) Erfahrungen bei Realbegegnungen in Betrieben, bei denen alle Sinne einbezogen werden und (5) die die Berufswahl bestimmende Faktoren und deren Reflexion und Transfer auf die eigene Situation. Alle gesammelten Informationen und Erfahrungen landen im Informationspool. Die Quantität der Informationen und ihr Qualitätsgehalt sind abhängig von der Ernsthaftigkeit der Auseinandersetzung wie auch vom Intellekt. Reflexion und Adaptierung des Erfahrenen auf die eigene subjektive, individuelle Situation ist sehr wichtig. Je mehr Informationen ein berufswählender Lerner über einen bestimmten Beruf hat, desto leichter fällt es ihm diese aufzulisten und als Pro- oder Kontraargument zu klassifizieren. Die Pro- und Kontraargumente sollen (a) schriftlich gesammelt, (b) gegenübergestellt und (c) gewichtet, beispielsweise nach den Kriterien (aa) für mich sehr wichtig, (bb) wichtig, (cc) unwichtig, werden. Diese Vorgehensweise dient als Basis für eine rational-autonome Entscheidung am Ende des Prozesses (vgl. 42, S. 57-58).

1.1.2.2 Berufswahl als Produkt

Das Produkt des Berufswahlprozesses ist die Einmündung des Lerners in eine Ausbildung oder in einen Beruf, dh zu einem bestimmten Zeitpunkt im Prozess wird eine rational-autonome Entscheidung (vgl. 37, S. 456) getroffen. An diese Entscheidung ist die Erwartung geknüpft, dass nach der intensiven rationalen Auseinandersetzung mit dem zukünftigen beruflichen Werdegang die getroffene Entscheidung bezüglich der Einmündung stabil ist und nur dann verändert wird, wenn eine vom Lerner begründbare Änderung eingetroffen ist, beispielsweise ein gravierender, neuer Aspekt. Tritt die Einmündung nicht ein, obwohl sich keine Änderung bezüglich der im Prozess gewonnenen Informationen und deren Gewichtungen auftut, dann hat diese Änderung meist keine logisch begründbaren Ursachen. Der Berufswahlprozess kann in diesem Fall als gescheitert betrachtet werden, da das primäre Ziel, die Berufs- oder Ausbildungseinmündung, nicht erreicht wurde.

1.2 Berufswahltheoretisches Orientierungswissen

Dieses Unterkapitel verfolgt das Ziel über berufswahltheoretisches Orientierungswissen zu informieren sowie dieses im Anschluss zu kommentieren und die Konsequenzen für die Berufsberatung und berufspädagogische Vorbereitungsmaßnahmen darzustellen.

Berufswahltheorien bilden auf Basis systematischer Analyse eine Erklärung für die Prozesse, die während der Berufswahl entstehen, und auch für die unterschiedlichsten endogenen und exogenen Faktoren, die die Berufswahl bestimmen. Die folgenden Untersuchungsergebnisse und Forschungsansätze sind für die Berufswahl relevant:

01. Vom berufswählenden Lerner kann ein aktuelles Persönlichkeitsprofil (Fähigkeiten) durch Einsatz psychologischer Testverfahren und Beobachtungen erstellt werden, das (mehreren) Berufsanforderungsprofilen oder besser Qualifizierungsanforderungsprofilen (erst durch den Lernzuwachs während der Ausbildung kommt es zu dem erwarteten Berufsanforderungsprofil, wodurch ein Doppelprofil entsteht) zugeordnet werden kann (vgl. 41, S. 347-349). Der für den berufswählenden Lerner optimal geeignete Beruf wird auf diese Weise herausgefiltert (vgl. 45, S. 176).
02. Ein berufswählender Lerner ist in der Regel optimal für mehrere Berufe geeignet, weil mehrere Qualifizierungsanforderungsprofile seinem aktuellen Persönlichkeitsprofil entsprechen können (vgl. Scharmann, 1956, zit.n. 45, S. 177).
03. Dem aktuellen Persönlichkeitsprofil eines berufswählenden Lerners sind nicht nur die in Frage kommenden Qualifizierungsanforderungsprofile zuzuordnen; auch andere Persönlichkeitsmerkmale (zB Interessen, Werthaltungen und Bedürfnisse) sind in den ausbildungs- und berufsbezogenen Entscheidungsprozess einzubeziehen (vgl. dazu Holland, 1964, zit.n. 29, S. 22).

04. Einerseits lassen sich berufswählende Lerner einer Altersklasse nach ihrer Persönlichkeitsstruktur typologisieren, andererseits lassen sich Arbeitsbereiche definieren (s. Tab. 01), zwischen denen Korrelationen errechenbar sind, die mehr oder weniger erfolgreiche individuelle Eignungsprognosen von berufswählenden Lernern für einen bestimmten Arbeitsbereich vorauszusagen erlauben (vgl. 29, S. 22-23).

Tab. 01: Persönlichkeitsstruktur von Ausbildungswerbern und Arbeitsbereiche nach Holland (vgl. dazu 45, S. 209-210)

Typ	Charakterisierung	Berufswahl
1. Realistischer	a) männlich, aggressiv, aktiv b) konventionelle Werthaltung c) Bevorzugung von Konkretem anstelle des Abstrakten	Tendenz zu: handwerklichen, technischen, landwirtschaftlichen Berufen
2. Intellektueller	a) aufgabenorientiert, asozial b) intellektuelle Poblembewältigung c) unkonventionelle Werte	Tendenz zu: naturwissenschaftlichen und mathematischen Berufen
3. Sozialer	a) sozial orientiert b) Bedürfnis nach Beachtung und sozialer Interaktion c) gute verbale Fähigkeiten d) emotionale Problembewältigung	Tendenz zu: pädagogischen Berufen
4. Konventioneller	a) bevorzugt Struktur b) Untergebenenrolle c) vermeidet Probleme d) schätzt materiellen Besitz e) identifiziert sich mit Machtposition	Tendenz zu: Buchhalter, Statistiker, etc.
5. Unternehmender	a) starke Führerpersönlichkeit b) ausgeprägte verbale Fertigkeiten c) verkauft gerne d) tritt gerne in Konkurrenz	Tendenz zu: Unternehmer, Immobilienhändler, Wahlkampfmanager
6. Künstlerischer	a) Bedürfnis nach Selbstausdruck b) geringere Ich-Stärke	alle mit Kultur- und Kunstleben sich befassenden Berufe

05. Berufswahl ist ein lebenslanger Prozess, der sich über das gesamte Arbeitsleben erstrecken kann und sich somit nicht nur auf die Berufswahlentscheidung am Ende der Sekundarstufe I erschließt. Nach der Erstberufswahl, die einen prägenden Einfluss aufgrund beruflicher Sozialisation auf die weitere berufliche Laufbahn hat, trifft der Lerner immer wieder Entscheidungen bezüglich seiner beruflichen Zukunft, maW: Berufswahlentscheidungen können in allen Lebensphasen getroffen werden.
06. Das Lebensalter von der Geburt bis zum 14. Lebensjahr dient der Vorbereitung für die Berufswahl. Berufswahl als Entwicklungsprozess nimmt ihren Anfang in der vorpubertären Entwicklungsphase (vgl. Miller und Form, 1951, zit.n. 45, S. 243).
07. Idealtypische Laufbahnmuster der beruflichen Karriere werden für Frauen unterteilt in (a) häusliche (tätig im Haushalt), (b) übliche (nach Eintritt ins Berufsleben Heirat), (c) stetige (kontinuierliche Berufsausübung nach Schulbildung), (d) zweigleisige (Unterbrechung der beruflichen Laufbahn wegen Geburt, danach Wiedereinstieg in den Beruf und Haushaltsführung), (e) unterbrochene (Ausstieg aus beruflicher Laufbahn mit Geburt der Kinder; Einstieg, wenn diese selbstständig), (f) unstetige (mehrmals Wechsel der Firma) und (g) extrem unstetige Laufbahn (job-hopper, vgl. 41, S. 431). Bei Männern sind folgende vier Laufbahnmuster feststellbar: (a) stetige, (b) unstetige, (c) extrem unstetige und (d) übliche Laufbahn, die definiert wird als Ausübung verschiedener verwandter Berufe mit späterem Verbleib in einem Beruf (vgl. Super, 1953, zit.n. 06, S. 17).
08. Die Reversibilität der Berufswahlentscheidung durch den berufswählenden Lerner wird nur begrenzt korrigiert aufgrund der bei der ursprünglichen Berufswahlentscheidung vorangegangenen Investitionen wie beispielsweise psychischem Einsatz, zeitlichem und materiellem Aufwand (vgl. Ginzberg, 1951, zit.n. 06, S. 12).
09. Auf dem Weg zur Berufswahlentscheidung sind vom berufswählenden Lerner aufeinander folgende Schritte beständig und transparent inklusive sichtbarem Zuwachs zu tätigen: (1) Wahrnehmung der Berufswahl mit all ihren Konsequenzen, (2) intensive Suche nach berufsrelevanten Informationen, selbstständige Auseinandersetzung und Verarbeitung derselben, (3) Wahrnehmung des persönlichen Eignungsprofils zum Erkennen des Profil-Passungsgrades (vgl. 41, S. 349) um selbst Eignung bzw Nichteignung für einen bestimmten Beruf zu erkennen, (4) Erkennen anderer Persönlichkeitsmerkmale (zB Interessen, Bedürfnisse) als Entscheidungskriterien und (5) unter Miteinbeziehung von Kompromissen zwischen persönlichen Wünschen und deren Realisierung eine rationale Begründung der

Berufswahlentscheidung inklusive klarer Zielvorstellungen formulieren zu können (vgl. 09, S. 14-15).
10. Das Miteinbeziehen der Realisierung der getroffenen Berufswahlentscheidung, dh die Berufseinmündung, ist bei der Erstellung des Karriereplans von existentieller Bedeutung. Das Evaluieren der Realisierbarkeit ist wesentlich um eventuellen Mißerfolgen vorzubeugen.
11. Berufsrelevante Fähigkeiten und Fertigkeiten (zB Nutzen von Hilfsquellen, Informationssammlung hinsichtlich Berufswunsch und -alternativen wie auch Formulierung derselben) sind durch kognitive und emotionale Auseinandersetzung mit der Umwelt und der eigenen Persönlichkeit des berufswählenden Lerners entwicklungsbedingt Veränderungen unterzogen. Der berufswählende Lerner wird je nach Lebensphase mit bestimmten beruflichen Entwicklungsaufgaben konfrontiert, die durch Erwartungen der Gesellschaft definiert sind (vgl. Super, 1953, zit.n. 06, S. 18-19).
12. Folgende Faktoren der familiären Sozialisation haben Einfluss auf den berufswählenden Lerner:
(a) Der Erziehungsstil, dh der berufswählende Lerner hat unter Einfluss des Erziehungsstils Persönlichkeitsmerkmale entwickelt, die sich in primärer Lebensorientierung am Menschen oder an der Sache manifestiert haben: Berufswählende Lerner, die kindzentriert und in liebevoller Annahme erzogen wurden, wählen aufgrund stark entwickelter sozialer Kompetenz und emotionaler Intelligenz und der damit verbundenen, geförderten Kommunikationsfähigkeit vorwiegend Dienstleistungsberufe, kulturelle oder künstlerische Berufe, wie auch administrative Berufe und unternehmerische Berufe. Berufswählende Lerner, die von den Eltern abgelehnt wurden, bevorzugen eher technische oder naturwissenschaftliche Berufe (vgl. Roe, 1957, zit.n. 45, S. 201).
(b) Die Familientradition und berufliche Erfahrungen im Familienkreis, dh Berufswünsche Jugendlicher lassen häufig erkennen, dass Berufe, die in der Familie schon Tradition sind, aufgrund des hohen Bekanntheits- und Vertrautheitsgrades mit vermeintlichen Vor- und Nachteilen des Berufsvollzugs und aufgrund der Annahme der kollektiven Vererbung von persönlichen Eignungsprofilen für bestimmte Berufe, dem Berufswunsch der Jugendlichen entsprechen.
(c) Die familiären Werthaltungen.
(d) Die Position in der Geschwisterreihe.
(e) Das Geschlecht des berufswählenden Lerners, dh das Erlernen und Ausüben von sogenannten Männerberufen durch Mädchen oder Frauen und umgekehrt ist trotz versuchter Etablierung nur bei einer Minderheit von berufswählenden Lernern zu beobachten.

Die primäre Bezugsperson (zumeist die Mutter), dh die Erwartungen und Empfehlungen der Bezugsperson haben wesentlichen Einfluss auf den berufswählenden Lerner (vgl. 45, S. 234).
13. Einen weiteren wichtigen Faktor bei der Berufswahlentscheidung stellt die Schule dar mit (a) ihrer Auslesefunktion, welche dem berufswählenden Lerner den Zugang zur erwünschten Ausbildung, zum erwünschten Beruf ermöglicht oder diesen verwehrt und (b) den Erfahrungen, die der Lerner in den einzelnen Schulfächern gemacht hat in Form erworbener formaler und materialer Leistungen, bis hin zum Versagen und daraus entstandener Leidensdruck. Letzterer kann dem Lerner Unbefangenheit und Offenheit für bestimmte Ausbildungen und Berufe nehmen und somit den Zugang, möglicherweise auch bei vorhandener Eignung, verwehren; Berufe, die in Zusammenhang mit Schulfächern gebracht werden, in denen der Lerner erfolgreich war oder welche dieser mit angenehmen Erfahrungen verbindet, werden bei der Berufswahl bevorzugt.
14. Bei der Erstberufswahl oder Erstausbildungswahl am Ende der Sekundarstufe I ist die Peer-Group als wesentlicher und starker Einflussfaktor zu nennen. Der berufswählende Lerner orientiert sich auf der Suche nach der eigenen Identität auch bei der Berufswahl an Einstellungen und Werthaltungen der Peers. Berufstätige oder studierende Peers haben Vorbildfunktion (vgl. 45, S. 235).
15. (a) Kulturelle und epochale Einflüsse (Berufszuweisung durch Standeszuweisung oder staatliche Lenkung, soziale Vererbung des Berufes, Berufsideologie und Image und Prestigewert der Berufe) sowie (b) sozio-ökonomische Schichtzugehörigkeit (Einkommensverhältnisse, Lebensstandard und schichtspezifische Werthaltungen) zählen zu relevanten Dimensionen der Berufswahlentscheidung (vgl. 45, S. 233).
16. Als ökonomische Determinanten der Berufswahl sind (a) die allgemeine globale und nationale Wirtschaftslage und die damit verbundene (b) Arbeitsmarktlage, (c) die regionale Struktur der Wirtschaft, (d) die Struktur der Berufe (Wandel der Berufe, sich verändernde Berufsanforderungen, Grad der beruflichen Ausbildungsebene und Karrierechancen durch Weiterbildungsmöglichkeiten), (e) die regionale Infrastruktur sowie (f) die individuellen Verdienstmöglichkeiten zu nennen (vgl. 45, S. 232).
17. Die Bevorzugung bzw Ablehnung bestimmter Berufe oder Ausbildungen beim Berufswahlprozess und bei der Berufseinmündung ist abhängig von (a) den in Punkt 16 erwähnten ökonomischen Determinanten, (b) dem Faktum, dass stark vertretene Berufe eher häufiger gewählt werden als schwach vertretene und auslaufende Berufe, (c) Konjunkturschwankungen und (d) Bekanntheitsgrad, Prestige und

Attraktivität verschiedener Berufe. Die genannten Determinanten haben auf die Berufswahlentscheidung größeren Einfluss als die objektiven Ausbildungs- und Erwerbschancen (vgl. 45, S. 238).
18. Als Mechanismus der Berufswahl kann Sublimierung als Verschiebung eines Triebes auf ein neues, nicht sexuelles Objekt, dh die Umsetzung eines unbefriedigten Geschlechtstriebs in kulturelle, künstlerische oder berufliche Tätigkeitsbereiche angeführt werden. Im Zusammenhang mit Berufswahl spricht Freud von Verschiebung frühkindlicher Triebbedürfnisse auf den Berufsvollzug (vgl. 45, S. 195).
19. Das Informationsniveau des berufswählenden Lerners über für ihn relevante Berufs- und Ausbildungsmöglichkeiten, wie auch über sein Persönlichkeitsprofil, spielt eine zentrale Rolle bei der Berufs- oder Ausbildungsentscheidung (vgl. 29, S. 26).
20. Maßgeblich beeinflusst wird die Entscheidung des berufswählenden Lerners durch den Gesichtspunkt des Nettovorteiles. Damit ist gemeint, dass nach Sammlung der Informationen und Erstellen einer Liste von Pro- und Kontraargumenten zu den in Frage kommenden Berufen mit anschließender Gewichtung der berufswählende Lerner den Beruf wählt, von dem er sich im Berufsvollzug die größten Vorteile erwartet. Die Berufswahlentscheidung wird wesentlich bestimmt durch (a) den subjektiv zu erwartenden Belohnungswert und (b) den subjektiv zu erwartenden Erfolg wie auch Karrierechancen im Berufsvollzug. Wird der Terminus Nettovorteil ausschließlich auf das beste Lohnniveau reduziert, dann hat dies unmittelbare Auswirkungen auf den Arbeitsmarkt, weil dann die Berufswahlentscheidung auf ausschließlich jene Berufe fällt, in denen die höchsten Löhne gezahlt werden und in denen gleichzeitig Arbeitskräftemangel herrscht. Eine Trendwende am Arbeitsmarkt und im Berufswunsch tritt erst dann ein, wenn die begehrten und bestens bezahlten Arbeitsplätze überlaufen sind und in den nieder bezahlten Berufen ein Arbeitskräftemangel eintritt (vgl. Crites, 1969, zit.n. 45, S. 240).
21. Untersuchungen bei Schülern, Studenten und erwachsenen Berufstätigen haben bestätigt, dass „der Grad der Kongruenz des Selbstkonzepts mit den perzipierten Berufsrollenanforderungen bzw dem subjektiven Berufsstereotyp mit der individuellen Hierarchie der beruflichen Präferenzen und der realen Berufswahl korreliert" (45, S. 207).
22. Am Ende der individuellen Informations- und Erkundungsphase inklusive Ergebnisse der psychologischen Testverfahren und Beobachtungen ist es sinnvoll, in Institutionen der Berufsberatung bei autorisierten Berufsberatern unter Einbeziehung der Individuallage des berufswählenden Lerners eine dialogische Beratung in Anspruch zu nehmen, um (a) evaluierend und reflektierend den Informationsin-

put zu verarbeiten, (b) gezielte, für die Entscheidung noch ausschlaggebende Fragen an den Berater zu richten sowie (c) die anschließend selbstständig getroffene Entscheidung mit rationalen Argumenten begründen zu können.
23. Als Modellvariablen für die Berufswahlentscheidung können (a) der berufswählende Lerner als Entscheidungsobjekt, (b) die Berufswahlsituation als Aufforderung eine Entscheidung zu einem von der Gesellschaft festgelegten Zeitpunkt (zB das Ende der Pflichtschulzeit) zu treffen, (c) das Sammeln von für die Berufswahlentscheidung relevanten Informationen, die Verknüpfung, Evaluation und Gewichtung derselben aufgrund einer persönlich entwickelten Strategie und (d) die Entscheidung als Resultat dieses rationalen Prozesses genannt werden (vgl. 06, S. 32-33).
24. Die Berufswahl gehört zu den existentiellsten Entscheidungssituationen im Laufe des Lebens. Eine Entscheidungssituation ist immer dann vorhanden, wenn mindestens zwei Möglichkeiten zum Handeln offen stehen, aber nur eine Handlung ausgeführt werden kann (vgl. 29, S. 11).

1.3 Kommentar und Konsequenzen für die Berufsberatung sowie berufspädagogische Vorbereitungsmaßnahmen

01. Die Zuordnung des Persönlichkeitsprofils des berufswählenden Lerners zum Anforderungsprofil eines bestimmten Berufes ist ein wichtiger Teilaspekt der Berufswahl, wenn auch aus eingeschränkter Perspektive. Die differentialpsychologischen Theorien, wie auch die Theorie von Holland, gehen von einer gefestigten Persönlichkeit und einer stabilen Umwelt aus. Weiterentwicklungen der Persönlichkeit, wie auch der beruflichen Umwelt in Form von neuen Technologien, strukturellen Veränderungen des Arbeitsmarktes, Wirtschaftswandel (Globalisierung), neuen Berufsbildern und somit Veränderung der Anforderungsprofile für Berufe, werden nicht berücksichtigt und können somit als Schwäche dieses Ansatzes angeführt werden. Einflüsse sozialer und ökonomischer Natur, wie auch Wechselwirkungen der Persönlichkeit des berufswählenden Lerners und seines Verhaltens im Berufsvollzug, werden ebenfalls in den Ansatz nicht einbezogen. Weiters sei hier die Problematik von Testergebnissen andiskutiert, die nur ein punktuelles Feedback über den berufswählenden Lerner geben können.

Für den berufswählenden Lerner sind die differentialpsychologischen Theorien einerseits angenehm, da die Idee eines für ihn passenden, richtigen Berufes seinen Alltagserfahrungen entgegenkommt und somit im Berufswahlprozess etwas Vertrautes, Sicheres vorhanden zu sein scheint, das den eigenen Interessen und Fähigkeiten entgegenkommt und somit den Anschein erweckt, die auf einen zukommenden Berufsanforderungen aufgrund optimaler Voraussetzungen problemlos bewältigen zu können. Die Interpretation, dass es für den berufswählenden Lerner nur einen einzigen Beruf gibt, kann bei Fixierung auf ebendiesen dazu führen, dass der Jugendliche aufgrund von Idealisierung nur mehr bereit ist, diese als richtig kategorisierte Berufs- oder Schulausbildung einzuschlagen ohne Berücksichtigung der Arbeitsmarktlage und der Zukunftschancen im präferierten Wunschberuf. Dies kann Arbeitslosigkeit mit all ihren Folgen für den Jugendlichen nach sich ziehen. Weiters als relevant ist der Aspekt einzustufen, dass Jugendliche nach Absolvierung der Pflichtschule in ihrer Persönlichkeit noch nicht gefestigt sind, Interessen einem Wandel unterzogen und Entscheidungen und Auftreten von der Peer-Group bestimmt sind, was leider allzu oft erfolgt. Auch der Weiterentwicklung der Persönlichkeit erwachsener Lerner wird im differentialpsychologischen Ansatz keine Beachtung geschenkt.

Für die Berufsberatung und berufspädagogisch vorbereitenden Maßnahmen rechtfertigt der Ansatz die Berufswahldiagnostik mit ihren Berufseignungstests und Interessenstests, weil sie als Basis für den Berufswahlprozess des Lerners herangezogen werden kann, und zwar unter Berücksichtigung des folgenden Aspektes: „Bei der Eignungsfeststellung für einzelne sollte das Gewicht auf die motivationale Dimension gelegt werden. Die Fähigkeitsdimension sollte nur im Hinblick auf Ausbildungs- und Berufsniveaus herangezogen werden" (05, S. 84-85). Der Berufsberater und die Lehrperson einer berufspädagogisch vorbereitenden Maßnahme soll den Zuordnungsprozess als Teil der Alltagserfahrung des Lerners anerkennen, den berufswählenden Lerner von seinem aktuellen Wissensstand abholen und weiterbegleiten, indem er ihm neue Chancen, Möglichkeiten aufzeigt und die Vielfalt der Teilaspekte der Berufswahl miteinbezieht. „Einer reflexiven Auseinandersetzung mit den eigenen Wünschen, Interessen, Fähigkeiten und Einstellungen sowie mit den Anforderungsprofilen unterschiedlicher Berufe sowie den berufsspezifischen Möglichkeiten der Interessensbefriedigung ist daher ausreichend Berücksichtigung zu schenken" (15, S. 50).

Hausegger (1995) erwähnt Gefahren in der unmittelbaren praktischen Arbeit mit berufswählenden Lernern, die sich als (a) Überforderung, (b) Entmündigung und (c) Einschränkung des Blickwinkels bei demselben äußern können: Mit (a) Überforderung ist gemeint, dass der berufswählende Lerner bei seinen Recherchen mit den Informations- und Zuordnungsaufgaben aufgrund der vorhandenen Fülle an Informationen überfordert sein kann, diesem hohen Ausmaß an selbstständiger Arbeit nicht gewachsenen ist und so eine Einschränkung der Orientierungsleistung die Folge sein kann. Unter (b) Entmündigung ist zu verstehen, dass der berufswählende Lerner durch den Berufsberater, die Lehrperson oder mediale Hilfen in seinen Recherchen bevormundet wird, auf diese Weise in die Rolle des Empfängers bzw Beobachters gerät und die Auseinandersetzung und Verarbeitung mit für die Berufswahl entscheidenden Kriterien nicht mehr in der erforderlichen Intensität stattfindet. Unter (c) Einschränkung des Blickwinkels ist die Gefahr zu verstehen, die durch den Passus „der richtige Beruf" entsteht, welcher bei alleiniger und ausschlaggebender Anerkennung für die Berufswahl den Blickwinkel nach Ausschau nach Alternativen außer obligo lässt. Diesbezüglich spricht Hausegger von einem Balanceakt der Lehrperson, die einerseits für den Berufswahlprozess der berufswählenden Lerner Informationen zur Verfügung stellt und andererseits die berufswählenden Lerner zur Selbstorganisation hinführen soll, mit dem Ziel selbstständig und selbstverantwortlich nach Ende der Maßnahme mit Informationen umgehen zu können (vgl. 15, S. 51).

02. Die wissenschaftliche Auseinandersetzung mit Berufswahl unter dem Aspekt des lebenslangen Lernens, dh Berufswahl als Entwicklungsprozess, gibt wertvolle Hinweise auf die Entwicklung beruflich relevanter Persönlichkeitsmerkmale in allen Lebensphasen. Dies ermöglicht dem Berufsberater wie auch der Lehrperson in berufspädagogischen Vorbereitungsmaßnahmen ein Abholen des berufswählenden Lerners auf seiner Entwicklungsstufe und auch das Einschätzen und Hinarbeiten auf ein realistisches Ziel. Die Sozialisation des berufswählenden Lerners durch Familie, Umwelt und Medien inklusive aller Erfahrungen, die der berufswählende Lerner bis zum Zeitpunkt der Berufsberatung gemacht hat, wie auch seine erlernten Strategien zur Problemlösung, sind Teil der Persönlichkeit des Lerners, dh Interventionen, die meistens eine Veränderung (zB eine neue Einstellung) mit sich bringen, müssen über einen längeren Zeitraum gesetzt werden um vom berufswählenden Lerner internalisiert zu werden. Neues Wissen, neue Wege der Problemlösung müssen erst erlebt und erfahren werden, um Altes neu interpretieren und dadurch Neues

planen und realisieren zu können. Berufsberatung als punktuelles Ereignis im Berufswahlprozess kann hierbei nur Impulse geben. Der berufswählende Lerner braucht Zeit um die neuen Erfahrungen aufzunehmen und in seine Persönlichkeit zu integrieren.

03. Das Beschaffen von Informationen über Berufs- und Ausbildungsmöglichkeiten, wie auch über die eigene Persönlichkeit, setzt beim selbstständig suchenden, berufswählenden Lerner ein hohes Ausmaß an Lern- und Verarbeitungsmethoden voraus um zielführend und effizient zu arbeiten. Berufswählende Lerner, die in berufspädagogischen Vorbereitungsmaßnahmen von der Lehrperson begleitet werden, haben die Möglichkeit zwischen angeleitetem und selbstständigem Suchen jeweils selbst zu wählen. Entscheidend für eine erfolgreiche Berufswahlentscheidung ist die Fähigkeit Probleme zu lösen. Jugendliche brauchen diesbezüglich intensivere und kontinuierlichere Betreuung als Erwachsene. Auch bei der Überprüfung der Rationalität für bevorzugte und abgelehnte Berufe sowie der Anleitung zum selbstständigen Arbeiten mit abnehmender Kontrolle ist die Lehrperson von gewichtiger Bedeutung. Der berufswählende Lerner soll befähigt sein, (a) sich realistische Ziele zu setzen und diese zu überprüfen, (b) Alternativen zu entwickeln, (c) relevante Informationen zu sammeln und (d) diese zu gewichten, (e) neue Erkenntnisse in seinen „Lebenshorizont" zu integrieren und diesen neu zu interpretieren, (f) eine rationale und autonome Entscheidung zu treffen (der berufswählende Lerner soll, vor allem wenn er sich in jugendlichem Alter befindet, einen Entscheidungsprozess miterleben können, um eventuell so zu einem Entscheidungsmodell zu gelangen), sowie (g) aktiv zu werden zur Berufszielrealisierung.

04. Voraussetzung für dialogische Beratung (vgl. 38, S. 19-20; siehe auch Kap. 2.2) sind: (a) Intensive Auseinandersetzung des berufswählenden Lerners mit (aa) seinem aktuellen Persönlichkeitsprofil und (bb) seinen Persönlichkeitsmerkmalen wie Interessen, Werthaltungen und Bedürfnissen. (b) Der berufswählende Lerner verfügt über einen ausreichenden berufsbezogenen Wissensstand. (c) Der berufswählende Lerner ist in der Lage sich über seine Berufswünsche, Fähigkeiten, Erwartungen und alle seinerseits als wichtig erachteten Informationen zu artikulieren. (d) Die Individuallage des Lerners wird im Beratungsgespräch beachtet. (e) Der Berater ist autorisiert als Berufsberater. (f) Der Berufsberater fungiert als Korrektiv im Beratungsprozess. (g) Die Eltern sind in der dialogischen Beratung nicht anwesend.

05. Zur Reversibilität der Berufsentscheidung ist anzumerken, dass die Verwirklichung privater Lebenspläne (zB Familienplanung) und das sich daraus entwickelnde Bedürfnis nach Sicherheiten (zB sicheres Einkommen) sich mit zunehmendem Alter maßgeblich auf eine in Erwägung gezogene Korrektur der ursprünglichen Berufswahl- oder Ausbildungsentscheidung auswirkt. Prinzipiell ist anzumerken, dass der berufswählende Lerner auf Erfahrungen oder Informationen, die zu Veränderungen von Verhaltensmustern oder Problemlösungsmustern führen, im ungünstigsten Fall mit (a) Lernunwilligkeit, (b) Motivationslosigkeit, (c) Blockaden oder (d) Verweigerung reagieren kann. Hier sind der Berufsberater, wie auch die Lehrperson, gefordert zu erkennen, ob dies in der Lebensgeschichte des Lerners liegt und gegebenenfalls entsprechende Interventionen zu setzen sind um das Ziel, die Berufseinmündung, realisieren zu können.

06. Die strukturelle Veränderung von der Dienstleistungs- zur Informationsgesellschaft, wie auch die Globalisierung und die damit verbundene Wettbewerbsfähigkeit, bedingen einen Wandel der Berufe. Auf dem Gebiet der Informationstechnologie wurde in Österreich 1997 mit dem Beginn der Berufsausbildung zum Kommunikationstechniker für EDV und Telekommunikation Jugendlichen die Möglichkeit geschaffen einen neuen Lehrberuf im Informations- und Telekommunikationsbereich zu erlernen. Mittlerweile wurden bereits elf neue Lehrberufe in diesem Bereich eingerichtet, wie beispielsweise (a) EDV – Techniker, (b) EDV - Kaufmann, (c) Medienfachmann/ Mediendesign, (d) Medienfachmann/ Medientechnik, (e) Informatiker, etc. (vgl. AMS, BIQ-Info Nr. 3/4 1999, S. 14). Eine neue Strukturierung der Arbeitsverhältnisse (zB das Zunehmen von befristeten Arbeitsverträgen mittels Werkverträgen und selbstständiger Arbeit), welche mehr denn je Schlüsselqualifikationen wie Flexibilität, Entschlossenheit, Initiative, Teamfähigkeit, Kommunikations- und Kooperationsfähigkeit zwingend erforderlich macht, zeichnet sich ab.

07. Die regionale Infrastruktur ist vor allem für berufswählende Lerner, die keinen Führerschein bzw kein eigenes Kraftfahrzeug besitzen, von zentraler Bedeutung bei der Wahl des Ausbildungsbetriebes. Jugendliche, die sich nach der Pflichtschule beispielsweise für eine duale Ausbildung entscheiden, sind in ihrer Mobilität sehr an öffentliche Verkehrsmittel gebunden; dies ist auf dem Lande oft ein Handicap. Weiters ist zu beobachten, dass lernschwache berufswählende Lerner weniger Chancen am Arbeitsmarkt haben, da Betriebe zunehmend qualifizierte Fachkräfte auch für niedrig qualifizierte Tätigkeiten beschäftigen und so typische Anlernberufe verschwinden.

Die Schaffung der Vorlehre als Möglichkeit für diese berufswählenden Lerner wird nur gering von der Wirtschaft in Anspruch genommen.

08. Sozio-ökonomische Bedingungen (zB der Mangel an Ausbildungsbetrieben) in der dualen Ausbildung aufgrund fehlender Ausbildungsberechtigung infolge zu einschlägig qualifizierten Personals oder Betriebe, die in der Gründungs- und Aufbauphase sind (was gerade bei den neuen Lehrberufen zum Tragen kommt, deren Bekanntheitsgrad oft noch gering ist), wirken sich einengend auf das Einmünden in eine als Zukunftschance prognostizierte Ausbildung aus. „Bedingt durch die jeweilige Gesellschaftsstruktur sind die Ausbildungs- und Berufsmöglichkeiten der Art und Anzahl nach beschränkt. Viele Berufswähler können ihre Berufswünsche nicht verwirklichen, weil objektive Möglichkeiten fehlen. Der Zugang zu den überhaupt zur Verfügung stehenden Ausbildungs- und Berufsmöglichkeiten unterliegt formellen und informellen Regelungen. Durch formelle Regelungen (zB geforderte Bildungsabschlüsse) wird für viele Berufswähler der Kreis der zugänglichen Ausbildungen und Berufe stark eingegrenzt. Durch formelle Regelungen (zB Auswahltests oder Bevorzugung von Familienangehörigen von bereits in der Firma Beschäftigten) erfolgt weitere Einschränkung" (05, S. 77). Weiters bestätigen zahlreiche Untersuchungen, „dass es enge Zusammenhänge gibt zwischen den Sozialisationsbedingungen des Heranwachsenden und seiner späteren Berufsentscheidung (zB hoher Prozentsatz von Arbeiterkindern in Hauptschulen und von Beamtenkindern in Gymnasien, wobei die Schulen ihrerseits auf bestimmte Berufsniveaus hin sozialisieren" (05, S. 78).

09. Die Bevorzugung oder Ablehnung bestimmter Berufe oder Ausbildungen wird bei Jugendlichen durch außerschulische Sozialisation (zB durch Peers) und mediale Sozialisation sowie damit verbundenen, vermittelnden Werten und Prestige vehement bestimmt, weshalb dies dem berufswählenden Lerner in der berufspädagogischen Vorbereitungsmaßnahmen bewusst zu machen und vor allem zu erklären ist. Er soll erkennen, inwieweit er unreflektierte Haltungen und somit Blockaden übernommen hat. Weiters ist es besonders bei Jugendlichen wichtig gemeinsam zu evaluieren, ob der Nettovorteil bzw der subjektiv erwartete Belohnungswert den realen Bedingungen am Arbeitsplatz entspricht oder ob Idealisierung durch medialen Einfluss oder Erfahrungen der Eltern (zB Verbleib in einem Betrieb von Ausbildungsbeginn bis zur Pensionierung, dh lebenslange Koppelung von nur einem erlernten Beruf in ein und derselben

Firma) vorhanden ist. Berufspädagogischen Vorbereitungsmaßnahmen kommt hierbei aufklärende Arbeit zu: Bezüglich der Entwicklungen am Arbeitsmarkt, der Rolle des lebenslangen Lernens, der Bedeutung des Erlernens von mehreren Berufen bzw der Weiterbildung, nicht um zwingend die Karriereleiter empor zu klettern, sondern um sich am Arbeitsmarkt auf Dauer behaupten zu können.

10. In berufspädagogischen Vorbereitungsmaßnahmen soll dem Lernprozess besonderes Augenmerk zukommen. (a) Entdeckendes Lernen (zB bei der Informationsrecherche), (b) Lernen am Modell (zB Beobachten anderer Lerner bei Problembewältigung oder Entscheidungsfindung), (c) Unterweisung (zB beim Telefontraining), (d) Lernen durch Realbegegnungen (zB Betriebsbesichtigungen, Exkursionen, Betriebspraktikum im angestrebten Beruf) und (e) das autonome Festlegen von Zielen (zB Tages-, Wochen- und Kursziel) sowie (f) das Belohnen (zB verbal Anerkennung zeigen, verantwortungsvolle Tätigkeit übertragen, wichtige Funktion in der Gruppe erteilen, Privileg oder Wunsch ermöglichen usw) als Teil des erfolgreichen Lernprozesses soll in berufspädagogischen Vorbereitungsmaßnahmen ermöglicht und gefördert werden um dem Lerner neben gestärktem, realem Selbstkonzept (wie sich der Lerner selbst wahrnimmt, im Gegensatz zum idealisierten Selbstkonzept, wie der Lerner gerne sein wollte) auch Bewusstsein über sein Umweltkonzept und ein individuelles Lernkonzept mitzugeben.

11. In der dualen Ausbildung ist ein starker Verdrängungswettbewerb von potentiellen Lehrlingen mit schlechterer Vorbildung durch vorzeitige Abbrecher von weiterführenden, vor allem berufsbildenden mittleren und höheren Schulen zu beobachten (zB jeder zweite weibliche Lehrling ist ein Schulabbrecher), wobei zu bemerken ist, dass vorbildungsspezifische Berufswahlen und Berufseinmündungen auftreten (zB Schulabbrecher von Handelsschulen oder Handelsakademien wählen vorwiegend kaufmännische Lehrberufe wie Einzelhandels- oder Bürokaufmann). Die duale Ausbildung hat durch die Schaffung dualsystemartiger Ausbildungsgänge (Vorlehre, Anlehre) an Prestige gewonnen, da diese nun die unterste Ebene in der österreichischen Ausbildungspyramide bilden.

1.4 Zusammenfassung

Berufswahl ist ein äußerst komplexer Prozess zwischen dem berufswählenden Lerner und seiner Umwelt, in dessen Verlauf sich der berufswählende Lerner im Rahmen der Informationssammlung mit seiner eigenen Persönlichkeit, mit möglichen schulischen Ausbildungswegen oder Berufen, mit den Chancen in seinem Wunschberuf am Arbeitsmarkt bestehen zu können und den Determinanten des Berufswahlprozesses auseinandersetzt. Unmittelbare Erfahrungen werden in Realbegegnungen und Betriebspraktika, in welchen der Lerner Arbeitsbedingungen erlebt, reale Arbeitsabläufe beobachtet und Gespräche mit Experten über Berufsvollzug, Weiterbildungsmöglichkeiten, etc. führen kann, gemacht. Besonderer Stellenwert kommt im Berufswahlprozess der Informationsverarbeitung zu, dh der ernsthaften Auseinandersetzung mit den gesammelten Informationen unter Einbeziehung der eigenen Wünsche, Erwartungen sowie Vorstellungen. Die Phase der Informationsverarbeitung erfordert vom Lerner ein hohes Ausmaß an Verarbeitungsmethoden. Am Ende ist der berufswählende Lerner in der Lage, eine Liste von Pro- und Kontraargumenten zu erstellen, diese zu gewichten und nach dieser eine rational-autonome Entscheidung zu treffen, die als Produkt des Berufswahlprozesses zu bezeichnen ist, mit dem Ziel der Berufs- oder Ausbildungseinmündung (vgl. 42, S. 57-58).

Das Wissen um den Berufswahlprozess und um Berufswahltheorien ist für die Lehrperson in berufspädagogischen Vorbereitungsmaßnahmen unbedingte Voraussetzung um einerseits professionellen Berufsvollzug zu gewährleisten und andererseits Ursachen für Verhalten sowie Einstellungen berufswählender Lerner nachvollziehen und gezielt unterstützende Interventionen setzen zu können.

2 RATIONAL-AUTONOMES ENTSCHEIDUNGSVERHALTEN

Für den berufswählenden Lerner ist der Prozess der Berufswahl inklusive der zu treffenden rational-autonomen Entscheidung von besonderer Bedeutung, da die Qualität seiner Berufswahlentscheidung in Korrelation steht zur Intensität der Auseinandersetzung mit relevanten Informationen über (a) seine Interessen, (b) seine Eignung und (c) sein Wissen über Einflussfaktoren auf Berufswahl wie auch über das Entscheidungsverhalten selbst.

2.1 Entscheidungstheoretisches Orientierungswissen

Dieses Unterkapitel verfolgt das Ziel über (a) Qualität von Informations- und Entscheidungsverhalten, (b) die rationale Entscheidung und Einflussfaktoren auf diese sowie (c) Auswirkungen von Fehlentscheidungen zu informieren.

2.1.1 Rational-autonomes Entscheidungsverhalten

01. Das Modell der rationalen Entscheidungssituation läßt sich wie folgt skizzieren: Der berufswählende Lerner (a) weiß über alle für ihn in Frage kommenden beruflichen Alternativen Bescheid, die ihn entsprechend seiner Berufswünsche zum Ziel führen und ist (b) in der Lage eine persönliche Gewichtung der Pro- und Kontraargumente vorzunehmen mit dem Ziel aus der Summe der Gewichtung klar den Nutzen der Entscheidung abzusehen (vgl. 05, S. 95) und diese Entscheidung zu realisieren.

02. Entscheidungen werden durch die Ökonomie der Kosten-Nutzen-Rechnung des berufswählenden Lerners beeinflusst, dh erwartete Gewinne bzw Verluste, die eine Entscheidung als Konsequenz mit sich bringt, wirken sich erheblich auf die Entscheidung aus. „Ist ein Reiz tatsächlich vorhanden und steht für eine 'Ja' - Antwort ein großer Gewinn zu erwarten und ein großer Verlust für eine 'Nein' - Antwort, so wird sich die Tendenz, 'Ja' zu sagen, durchsetzen. ... Folglich umfasst die Entscheidung insgesamt sowohl eine Kombination der verfügbaren Fakten als auch eine Kalkulation der relevanten Kosten jeder Art von Irrtum im Verhältnis zum relativen Gewinn jeder Art von korrekter Einzelentscheidung" (51, S. 147).

03. Dem Modell des rational-autonomen Entscheidungsverhaltens wird entgegengehalten, dass (a) Lerner viele Entscheidungen unter Bedingungen der Unsicherheit treffen (vgl. 51, S. 321), (b) Überforderung bei der Informationsaufnahme und -verarbeitung auch zu Überforderung bei der Entscheidung führt, und diese dadurch nicht mehr alleine durch die Ratio bestimmt wird (vgl. 05, S. 95) und (c) die Annahme der Rationalität der Berufswahl inadäquat ist, „und zwar weil (a) die meisten Berufswähler nicht über die erforderlichen kognitiven Voraussetzungen verfügen (ausreichende berufliche Informiertheit und ausreichende Kenntnis der eigenen Eignungsvoraussetzungen), (b) viele Berufswähler nicht die Kompetenz für eine adäquate Aufnahme und Verarbeitung dieser Informationen besitzen, und (c) emotionale und motivationale Faktoren oftmals eine größere Rolle spielen als rationale Vergleichs- und Zuordnungsprozesse. Außerdem bleibt bei dieser Konzeption der Einfluß der individuellen Entwicklungsgeschichte sowie von sozialen und sozioökonomischen Faktoren unberücksichtigt" (47, S. 190).

Tab. 02: Einflussfaktoren auf rational-autonomes Entscheidungsverhalten bei der Berufswahl

Einflussfaktor	Die Berufswahl
1. Emotionen	Die Berufswahl wird vom berufswählenden Lerner als existentielle Entscheidung für sein Leben wahrgenommen, diese Gewichtung kann sich in Form von Ängsten, Unsicherheit, etc. äußern und den Einzelnen in seinem Handeln beeinflussen (vgl. dazu 05, S. 101).
2. Identitätsentwicklung	Der berufswählende Lerner befindet sich in einem Entwicklungsprozess, in welchem er für sich selbst klärt, welche Position und Werte er in der Gesellschaft einnimmt und vertritt, welchen Weg er in seinem Leben einschlagen wird. Der Berufswahlprozess ist für den berufswählenden Lerner aufgrund der zu bewältigenden Aufgaben wie Finden realistischer Berufswünsche und Alternativen, Selbsteinschätzung sowie das Treffen einer rational-autonomen Entscheidung mit dem Ziel einer Berufs- oder Ausbildungseinmündung ein wichtiger Schritt um stabile Einstellungen und zielorientierte Verhaltensweisen zu gewinnen (vgl. dazu 51, S. 86-92).

Fortsetzung von Tab. 02

3. Selektive Informationsaufnahme	Unbewusst werden nur jene Informationen für den Berufswahlprozess gesammelt, welche die Wünsche des berufswählenden Lerners stützen und seine Überzeugungen untermauern. Informationen, die dem internalisierten Bild nicht entsprechen, werden gemieden bzw bei der Gewichtung durch Interpretation als unwichtig relativiert. Dasselbe gilt für Testergebnisse, Gespräche mit Eltern, Berufsberatern und Berufsorientierungslehrern (vgl. dazu 51, S. 318).
4. Spontane bzw systemische Informationsaufnahme	Der berufswählende Lerner geht an die Informationsaufnahme (a) spontan heran, dh er nimmt die Situation im Überblick wahr, setzt sich nicht mit einzelnen Teilbereichen der Berufsinformation auseinander und ist dadurch schnell und sprunghaft im Wechseln seiner Ziele oder (b) systemisch, dh er nimmt einzelne Teilbereiche bewusst wahr, prüft diese auf ihre Relevanz für ihn und wägt einen Wechsel seiner Ziele bewußt ab (vgl. dazu 05, S. 100).
5. Kognitive Verzerrung	Der berufswählende Lerner verlässt sich auf seine Intuition bzw seine Erfahrungen, trifft Entscheidungen aufgrund dieser und hält an diesen fest, auch wenn sie für die zu lösende Situation nicht zielführend sind (vgl. dazu 51, S. 319).
6. Wünsche, vorgefasste Meinungen	Wunschdenken - bei dem negative Aspekte verleugnet und positive übergewichtet werden - sowie Vorurteile und Klischees beeinflussen die Intensität der Auseinandersetzung (vgl. dazu 51, S. 323).
7. Risikoverhalten	Abgesehen vom Gewinnstreben mit gleichzeitigem Geringhalten des Verlusts bringt der berufswählende Lerner die Lust zum einschätzbaren, kontrollierbaren und freiwillig gewählten Risiko mit, welches durch "high risk, more fun" gekennzeichnet ist.

04. Die rational-autonome Entscheidung bleibt so lange aufrecht, bis ein neues, vorher nicht angedachtes Argument eingebracht wird, welches nach Überprüfung und darauf folgender Gewichtung vom Lerner als relevant für seine Entscheidung eingestuft wird. Der Lerner sieht sich veranlasst seine Argumentation bzw die Gewichtung der Argumente zu verändern und eventuell eine neue Entscheidung zu treffen.

2.1.2 Auswirkung von Rahmenbedingungen auf die Qualität des Informations- und Entscheidungsverhaltens

Tab. 03: Rahmenbedingungen und qualitativ unterschiedliches Informations- und Entscheidungsverhalten des berufswählenden Lerners (vgl. dazu Janis und Mann, zit.n. 05, S. 99)

Rahmenbedingungen während des institutionalisierten Berufswahlprozesses	Auswirkung auf die Qualität des Informations- und Entscheidungsverhaltens
1. Der berufswählende Lerner verfügt über kein positives Selbstkonzept.	Der berufswählende Lerner ist sich seiner Entscheidung sicher und zeigt kein Interesse an seine Strategie bestätigenden oder nicht bestätigenden Informationen.
2. Negative Affirmationen und Bewertungen von Berufsmöglichkeiten dominieren beim berufswählenden Lerner.	Der berufswählende Lerner zeigt sowohl bei der Informationssammlung, -verarbeitung und beim Treffen der Entscheidung ein defensives Verhalten.
3. Dem berufswählenden Lerner fehlt das Gefühl der Zeitnot.	Der berufswählende Lerner neigt zum Aufschieben der Berufswahlentscheidung und ignoriert externale Aufforderungen gänzlich.
4. Der berufswählende Lerner hat das subjektive Gefühl von Zeitnot.	Der berufswählende Lerner fühlt sich von der Informationsvielfalt und vom Anspruchs Informationen zu sammeln, zu verarbeiten und nach Evaluation eine Entscheidung zu treffen überfordert und sammelt hektisch Informationen ohne diese zu gewichten.
5. Der berufswählende Lerner ist irritiert durch überzogene Erwartungen seiner Eltern.	Der berufswählende Lerner versucht den Erwartungen der Eltern zu entsprechen, erkennt aber die Unvereinbarkeit mit seinen Wünschen oder auch Fähigkeiten. Ängste, Stress, Unsicherheit, Ziellosigkeit, Desinteresse an ernsthafter Auseinandersetzung, etc. beeinflussen den Berufswahlprozess.

Fortsetzung 1 von Tab. 03

6. Der berufswählende Lerner ist irritiert durch eigene überzogene Erwartungen.	Die Berufswahlentscheidung wird vom berufswählenden Lerner künstlich hinausgezögert.
7. Der berufswählende Lerner hat Angst vor einer falschen Berufswahlentscheidung.	Der berufswählende Lerner erwartet vom Experten nicht nur Hilfestellung bei der Informationssammlung und –verarbeitung, sondern auch beim Treffen der Berufswahlentscheidung und somit die Übernahme der Verantwortung.
8. Der berufswählende Lerner hat ausreichend Zeit für den Berufswahlprozess.	Informationsverhalten und Entscheidungsprozess des berufswählenden Lerners sind überlegt und rational.

2.1.3 Fehlentscheidungen

2.1.3.1 Auswirkungen auf das Individuum

Fehlentscheidungen bei der Berufswahl, die auf Informationsmangel, mangelnder ernsthafter Auseinandersetzung mit Informationen und Erfahrungen und falschen Erwartungen an den Berufsvollzug basieren, haben nach der Berufseinmündung negative Auswirkungen auf das Individuum, wie beispielsweise (a) Desinteresse an den auszuübenden beruflichen Tätigkeiten, (b) psychische Belastung, die sich in Ärger, Aggression, etc. zeigen kann, (c) Motivationsmangel, (d) Verlust an Lebensqualität, (e) Ängste (zB den Eltern gegenüber die Berufsunzufriedenheit zu äußern), etc. und können zum Ausbildungsabbruch führen, in der Folge zu Arbeitslosigkeit und zu beruflicher Desorientierung des heranwachsenden Berufswählers.

2.1.3.2 Auswirkungen auf die Gesellschaft

Die Tendenz heranwachsender, berufswählender Lerner ihre Berufsentscheidung von sogenannten Modeberufen beeinflussen zu lassen, führt zu einer Konzentration vieler berufswählender Lerner in einigen wenigen Berufen und andererseits zu Facharbeitermangel in weniger populären Berufsgruppen. Weiters sind die erwähnten Ausbildungsabbrüche sehr oft mit folgender Arbeitslosigkeit und Desorientierung gekoppelt, welche ihrerseits wiederum das Sozialsystem belasten, immense Kosten verursachen und zusätzliche berufspädagogische Maßnahmen erforderlich machen. Das Verbleiben im Beruf bzw im Berufsfeld aufgrund der Berufszufriedenheit ist abhängig von der Qualität der Berufswahlentscheidung.

2.2 Rationales Entscheidungsprofil

Dieses Unterkapitel versucht mittels ausgewählter Entscheidungssituationen des Alltags aufzuzeigen, wie durch die schriftliche (a) Sammlung, (b) Gegenüberstellung und (c) Gewichtung von Pro- und Kontraargumenten inklusive der anschließenden Addierung der Gewichtung eine Entscheidung auf rationaler Basis unter Anwendung des soeben beschriebenen Entscheidungsprofils getroffen wird. Quantität wie auch Qualität der Pro- und Kontraargumente stehen in Zusammenhang mit der Intensität und Ernsthaftigkeit der Informationsverarbeitung wie auch mit dem Intellekt.

Fallbeispiel 1. Ein Lerner steht nach Abschluss eines Diplomstudiums vor der Entscheidung gleich im Anschluß das Doktoratsstudium zu inskribieren. Es wurden je sieben Pro- und Kontra-Argumente gefunden, aufgrund der Gewichtung (Summe der Pro-Argumente = 28, Summe der Kontra-Argumente = 21) fällt die rationale Entscheidung zugunsten des Doktoratsstudiums aus (s. Abb. 01), da der Lerner vor allem in den Argumenten Spezialisierung in einem Fachgebiet, „nahtlose" Verwertbarkeit des Wissens aus der Diplomarbeit sowie Selbstverwirklichung absolute Wichtigkeit sieht.

Abb. 01: Entscheidungsprofil am Beispiel Doktoratsstudium (Gewichtung: 5 = absolut wichtig, 4 = sehr wichtig, 3 = wichtig, 2 = weniger wichtig, 1 = absolut unwichtig)

	Entscheidungsprofil am Beispiel: Doktoratsstudium	5	4	3	2	1
A	**Pro-Argumente**					
A1	Erfahrung im Erstellen einer empirischen bzw. heuristischen Arbeit	☐	☐	☑	☐	☐
A2	Vorteile bei beruflicher Karriere durch den akademischen Titel	☐	☐	☑	☐	☐
A3	Spezialisierung in einem Fachgebiet	☑	☐	☐	☐	☐

		5	4	3	2	1
A4	Wissen von Diplomarbeit gleich verwertbar für Dissertation	☑	☐	☐	☐	☐
A5	Prestige/ Anerkennung	☐	☐	☐	☑	☐
A6	Selbstverwirklichung	☑	☐	☐	☐	☐
A7	bessere Verdienstmöglichkeiten	☐	☐	☑	☐	☐
	Summe der Pro-Argumente 28					
B	**Kontra-Argumente**					
B1	Verdienstentgang	☐	☐	☑	☐	☐
B2	Zeitbeanspruchung von zwei Jahren	☐	☑	☐	☐	☐
B3	Verringerung der Berufserfahrung	☐	☐	☐	☑	☐
B4	Einschränkung von Sozialkontakten	☐	☐	☐	☑	☐
B5	Einschränkung von Freizeitaktivitäten	☐	☐	☐	☑	☐
B6	keine Sozialleistungen wie a) Pensionsversicherung, b) Karenzgeld, c) Arbeitslosenversicherung	☐	☑	☐	☐	☐
B7	Verbleiben im Beschulungskreislauf	☐	☑	☐	☐	☐
	Summe der Kontra-Argumente 21					

Fallbeispiel 2. Ein 30jähriger, verheirateter sowie kinderloser Lerner steht vor der Entscheidung ein Einfamilienhaus zu bauen. Obwohl weniger Kontra- als Pro-Argumente vom Lerner angegeben werden, fällt die Entscheidung gegen den Bau eines Einfamilienhauses, da die einzelnen Kontra-Argumente mehr Gewicht tragen aus (Summe der Pro-Argumente = 26, Summe der Kontra-Argumente = 30, s. Abb. 02).

Abb. 02: Entscheidungsprofil am Beispiel Hausbau (nach folgender Gewichtung: 5 = absolut wichtig, 4 = sehr wichtig, 3 = wichtig, 2 = weniger wichtig, 1 = absolut unwichtig)

	Entscheidungsprofil am Beispiel: Hausbau	5	4	3	2	1
A	**Pro-Argumente**					
A1	„Eigene vier Wände"	☑	☐	☐	☐	☐
A2	Selbstverwirklichung	☐	☐	☑	☐	☐
A3	Garten	☑	☐	☐	☐	☐
A4	mehr Distanz/ Abgrenzung zu Nachbarn als in der Wohnung	☐	☐	☑	☐	☐
A6	Erholungswert	☑	☐	☐	☐	☐

A7	mehr Aktivitäten in Haus und Garten möglich als in der Wohnung	☐		☐	☑	☐
A8	Entfaltungs- und Freiräume für Kinder und Individuum		☐	☑	☐	☐
	Summe der Pro-Argumente 26					
B	Kontra-Argumente					
B1	Kreditaufnahme/Verschuldung	☑	☐	☐	☐	☐
B2	Verpflichtung und Verantwortung	☐	☐	☑	☐	
B3	fixer Wohnort – berufliche Mobilität?	☐	☐	☑	☐	☐
B4	kein Hausplatz vorhanden	☑	☐	☐	☐	☐
B5	Zeitaufwand–fehlende Zeit für Karriere	☐	☑	☐	☐	☐
B6	Kapitalbindung auf Jahre	☑	☐	☐	☐	☐
B7	Instandhaltung und Betriebskosten	☑	☐	☐	☐	☐
	Summe der Kontra-Argumente 30					

2.3   Zusammenfassung

Während des Entscheidungsprozesses sind die ständige Reflexion und Adaptierung des Erfahrenen und Aufgenommenen auf die eigene subjektive, individuelle Situation von großer Bedeutung. Außerdem von Vorteil ist eine möglichst große Pluralität an Informationen, die ein berufswählender Lerner über einen bestimmten Beruf hat, um diese aufzulisten und als Pro- oder Kontraargument zu klassifizieren. Die Pro- und Kontraargumente sollen (a) schriftlich gesammelt, (b) gegenübergestellt und (c) gewichtet werden, beispielsweise nach den Kriterien für mich sehr wichtig, wichtig, unwichtig. Diese Vorgehensweise dient als Basis für eine rational-autonome Entscheidung am Ende des Prozesses, der wie sämtliche andere Prozesse, die während der Berufswahl entstehen beziehungsweise die unterschiedlichsten endogenen und exogenen Faktoren, die die Berufswahl bestimmen, von Berufswahltheorien auf Basis systematischer Analyse erklärt wird.

An den Fallbeispielen Doktoratsstudium und Hausbau wird aufgezeigt, wie durch die schriftliche (a) Sammlung, (b) Gegenüberstellung und (c) Gewichtung von Pro- und Kontraargumenten inklusive der anschließenden Addierung der Gewichtung eine Entscheidung auf rationaler Basis unter Anwendung des Entscheidungsprofils getroffen wird. Quantität wie auch Qualität der Pro- und Kontraargumente stehen in Zusammenhang mit der Intensität der Informationsverarbeitung wie auch mit dem Intellekt. Die Qualität des Informations- und Entscheidungsverhaltens ist ein gewichtiger Faktor für das Treffen der rational-autonomen Berufswahlentscheidung. Emotionen, Identitätsentwicklung, selektive Informationsaufnahme, spontane und systematische Informationsaufnahme, kognitive Verzerrung, Risikoverhalten sowie Wünsche und vorgefasste Meinungen sind als Einflussfaktoren auf die Qualität des Informations- und Entscheidungsverhaltens zu nennen.

Die rational-autonome Entscheidung bleibt so lange aufrecht und stabil, bis ein neues, vorher nicht angedachtes Argument eingebracht wird, welches nach Überprüfung und darauf folgender Gewichtung vom Lerner als relevant für seine Entscheidung eingestuft wird und ihn veranlasst, seine Argumentation bzw die Gewichtung der Argumente zu verändern und eventuell eine neue Entscheidung zu treffen.

3 AUSBILDUNGSCURRICULA BEWERBUNGSTRAINING

3.1 Beschreibung didaktischer Vermittlungselemente

Ziel dieses Kapitels ist es, die im Standardcurriculum unter der Rubrik fachdidaktischer Hinweis angeführten didaktischen Vermittlungselemente allgemein darzustellen. Es werden jedoch nicht alle Input- und Verarbeitungsformen erläutert, sondern nur jene, die für die entwickelten Ausbildungscurricula empfehlenswert und somit relevant sind. Weiters wird darauf hingewiesen, dass die Termini der Didaktik entnommen sind und somit immer von Lehrpersonen die Rede ist, auch wenn in dem abgehandelten Kapitel eigentlich schulexterne Experten (Trainer) die Rolle der Lehrperson übernehmen.

3.1.1 Informationsinput

Der Informationsinput kann durch eine oder mehrere Personen mit oder ohne unterstützende Medien bzw durch Medien als Informationsträger erfolgen. Wird der Informationsinput von einer Person durchgeführt, dann spricht man von Einlehrer-, bei mehreren Personen von Mehrlehrervortrag oder gegebenenfalls von einem Teamteaching-Segment. Beide Begriffe findet man unter der Bezeichnung Person-Input. Eine weitere Möglichkeit des Informationsinputs stellt der Input mittels Text oder audio-visueller Medien dar.

3.1.1.1 Lehrervortrag

Der Lehrervortrag, der je nach Anzahl der Vortragenden als Einlehrer- oder Mehrlehrervortrag zu bezeichnen ist, meint, dass durch eine oder mehrere Personen ein einseitiger Informationsinput erfolgt, der für die Lerner zum Großteil neue Informationen beinhaltet, die an das vom Lerner zu erwartende Vorwissen anknüpfen. Nach Schwendenwein (2000) sind folgende Aspekte zu beachten: (1) Die Lehrperson soll eine Vorstrukturierung durch Hauptgliederungspunkte vornehmen und diese zu Beginn des Vortrags für die Lerner deutlich lesbar und sprachlich prägnant darstellen. Baut der Vortrag auf Vorwissen der Lerner auf, so müssen die Hauptgliederungspunkte nicht bei ihrer Nennung erklärend kommentiert werden. Am Ende des Vortrags soll eine Zusammenfassung wie auch eine Verknüpfung mit dem nächsten Unterrichtsschritt durch die Lehrperson erfolgen. (2) Die im Vortrag dargebotenen Informationen sollen für den Lerner in Bezug auf das Ausmaß an Informationsdichte, Fachsprache wie auch Fremdwörtern verständlich sein und keine Überforderung des Lerners darstellen, wenngleich das Ziel die Förderung desselben und der Anreiz zum Lernen vorhanden sein soll. (3) Wie bei jeder Präsentation, die durch ein Individuum durchgeführt wird, gelten für den Vortrag vor allem, wenn er ohne unterstützende Medien gestaltet ist, rhetorische Grundregeln, wie beispielsweise adäquater Einsatz von Mimik, Gestik, Körperhaltung, angemessener Sprache, Sprechtempo usw. (4) Die Lehrperson soll mit den ihr intraindividuell zur Verfügung stehenden Mitteln den Vortrag anschaulich, lebendig, interessant und mit Bezug zur Realität der Lerner gestalten und bei anschließender Verarbeitungsphase mit rund 15 Minuten das Auslangen finden. (5) Als unterstützende Medien werden beim Vortrag vorwiegend Dias, in der Vorbereitung angefertigte Overhead-Folien, Bilder, Farbfotos, etc. verwendet (vgl. 41, S. 189-204).

Grundvoraussetzung für den Lehrervortrag ist, dass die Lehrperson (1) für die Rolle des Vortragenden geeignet ist und (2) das von ihr zu vermittelnde Stoffgebiet sehr gut beherrscht um einerseits relevante Daten und Fakten weiterzugeben und andererseits Zwischenfragen der Lerner klar und angemessen beantworten zu können. Der Lehrervortrag dient vor allem der Kenntnisvermittlung und findet seine Anwendung, wenn nach Schwendenwein (2000) folgende Zielsetzungen bedeutsam sind: „... (1) wenn die Lehrperson ihren Lernern die notwendigen Informationen rational, gezielt und in zeitlich vertretbarem Umfang unter Berücksichtigung lernerbezogener Bedingungen geben soll, (2) wenn sie die zu vermittelnden Informationen sehr gut strukturiert und nicht stegreifmäßig oder irgendwie erzählen soll, (3) wenn sie dadurch bestimmte Denkabläufe bei Lernern bewirken soll, (4) wenn sie ausgewählte Informationen mit gebotener Kritik versehen soll, (5) wenn sie durch ihre Ausführungen Interesse, Begeisterung und Engagement für eine bestimmte Sache erzielen soll" (41, S. 206).

Da beim Lehrervortrag Konzentration und Mitdenken vom Lerner gefordert wie auch primär der auditive Lernkanal angesprochen wird, ist von der Lehrperson sorgfältige Planung vorausgesetzt, wobei Klarheit in der Sprache und in der Gliederung wie auch das richtige Ausmaß an neuen Informationen und stimulierender Darbietung als Qualitätskriterien herangezogen werden können.

3.1.1.2 Textinput

Textinput meint, dass die Lerner den für sie bestimmten, von der Lehrperson ausgewählten Informationsinput in Form eines geschriebenen Lehr-Lerninhalts dargeboten bekommen. Der Text kann (a) von der Lehrperson selbst erstellt sein oder (b) aus Büchern, Zeitungen oder Zeitschriften stammen und in Original oder Kopie den Lernern vorgelegt werden. Vor Bearbeitung des Textes durch die Lerner mittels Lesen, Markieren und Anfertigen von Notizen nach vorgegebenen Kriterien, wie beispielsweise (1) neu, (2) wichtig und (3) nicht verstanden, ist es erforderlich, dass die Lehrperson das Lehr-Lernziel definiert und dieses von ihr selbst bereits in der Vorbereitung zu Beginn des Originaltextes bzw von den Lernern vor der Textbearbeitung notiert wird. Ziel ist, dass die Lerner informiert sind und Bescheid wissen, warum sie den gewählten Text lesen und bearbeiten sollen. Wie für den Informationsinput im Allgemeinen gilt auch für den Textinput, dass Wortschatz, Informationsdichte und Form der Aufbereitung den Lerner gezielt fordern, aber nicht unter- bzw überfordern sollen. Dies ist bei der Auswahl oder Erstellung des Textes von der Lehrperson zu beachten.

3.1.1.3 Audio-visueller Input

Beim audio-visuellen Input (AV-Input) wird der Informationsinput mittels technischer Geräte, die den Lernern akustische und visuelle Informationen darbieten, übermittelt. Als AV-Medien zu erwähnen sind Videorekorder, Fernseher, Dia- und Filmprojektor, wobei das Abspielen von Videokassetten am gängigsten ist, da von der Handhabung und optimalen Vermittlung unmittelbare Vorteile wie (a) das Stoppen des Bandes bei Bedarf, (b) wiederholtes Abspielen wichtiger Sequenzen und (c) der Einsatz von Funktionen wie Standbild und Zeitraffer zu nennen sind. Als wichtig für den Lernerfolg ist das vor dem Abspielen des Videos vorbereitende Agieren der Lehrperson, die den Lernern neben Titel, Thema, Inhalt des Videos auch dessen Bezug zum Lehrstoff verständlich darstellen soll und im Vorfeld Arbeitsaufträge an die Lerner in Form von Beobachtungen erteilen wie auch Fragen klären soll, um nicht Gefahr zu laufen, dass diese Form des Inputs als reine Unterhaltung konsumiert wird.

Neben Vorteilen wie (a) optimale Vermittlung des Lehr- Lerninhaltes, wenn eine genaue Abdeckung der Lehr-Lerninhalte eines curricularen Lernziels und eine Überbietung der didaktischen Dramaturgie kaum möglich ist, (b) Visualisierung und Darbietung von Fertigkeiten, Entwicklungen und Geschehnissen, die dem Lerner sonst verwehrt sind und (c) Objektivierung der Vermittlung des Lehr-Lerninhalts, indem allen Lernern verschiedener Klassen ein- und derselbe Input ohne personale Beeinträchtigungen dargeboten wird, nennt Schwendenwein (2000) auch Nachteile, wie (d) Förderung des Konsumverhaltens bei fehlenden Arbeitsaufträgen, (e) Sättigungseffekt bei häufigem und zeitlich ausuferndem Einsatz und (f) das Ausblenden der Lehrperson in der Inputphase (vgl. 41, S. 215-217).

3.1.2 Eigenständige Verarbeitungsformen

Die (a) Einzelarbeit ist zu den eigenständigen Verarbeitungsformen zu zählen und neben den beiden anderen sozialen Verarbeitungsformen (b) Kleinstgruppenarbeit (Partnerarbeit) und (c) Kleingruppenarbeit eine einphasige Verarbeitungsform. Die Bezeichnung zweiphasige Arbeitsform ist für die Kombination von Einzelarbeit mit nachfolgender Kleinstgruppenarbeit bzw nachfolgender Kleingruppenarbeit üblich. Ziel eigenständiger Verarbeitungsformen ist die Verarbeitung des aktuellen Informationsinputs durch den Lerner. Dieses kann erreicht werden durch unterschiedliche Durchführungsvarianten, die gekennzeichnet sind durch (1) Aufteilung bzw Nichtaufteilung des Lehr-Lerninhaltes, dh die Lerner haben gleiche bzw unterschiedliche Aufgabenstellungen abzuarbeiten und (2) verschiedene soziale Lernsituation und (3) Aufgabenverschiedenheit durch den Verarbeitungsprototyp.

3.1.2.1 Einzelarbeit

„Unter Einzelarbeit ist die vorübergehende, an keinen speziellen didaktischen Lernort, an kein spezielles Unterrichtsfach und an keinen speziellen Unterrichtsgegenstand gebundene Lernarbeit des einzelnen Lerners ohne unmittelbare Mitwirkung von Lehrperson oder anderer Lerner zu verstehen, dessen Lernarbeitsergebnis nicht zensurenmäßig beurteilt wird" (41, S. 221). Die Arbeitsaufträge werden vor Beginn der Einzelarbeit von der Lehrperson klar und eindeutig mündlich oder schriftlich formuliert, dabei hat sie die Möglichkeit, das Ausmaß der Konkurrenz der Lerner untereinander durch Aufträge in Gestalt von (a) Aufgabengleichheit oder (b) Aufgabenverschiedenheit zu variieren. Nach der Bekanntgabe der Arbeitsaufträge und eventuellen Rückfragen durch Lerner tritt die Lehrperson in den Hintergrund und ist als Berater, Unterstützer präsent. Durch Einzelarbeit werden Lerner zu eigenverantwortlichem und selbstständigem Arbeiten angehalten, welches sich beispielsweise auf

(1) das Einteilen des Zeitbudgets, (2) den Umgang mit Hilfsmitteln und (3) den Versuch, schwerfallende Aufgaben primär selbst zu lösen bzw mit beratendem Gespräch mit der Lehrperson usw bezieht. Der Lehrperson dient die Einzelarbeit als wertvolle Form der Verarbeitung um die individuelle Lernleistung zu beobachten und festzustellen. Die Einzelarbeit ist wichtige Basis für späteres, berufliches, eigenverantwortliches, konsequentes Arbeiten im Erwachsenenalter.

3.1.2.2 Kleinstgruppenarbeit (Partnerarbeit)

Kleinstgruppenarbeit meint den kooperativen Zusammenschluss von zwei einander sympathischen Lernern für einen von der Lehrperson zu begrenzenden Zeitraum zu einer produktiven Lernpartnerschaft zum Zwecke der gemeinsamen Bewältigung eines Arbeitsauftrages mit der Voraussetzung, dass beide Lerner Einzelarbeit beherrschen. Das Ergebnis der Lernarbeit wird nicht mit Zensuren beurteilt. Ziel der Kleinstgruppenarbeit ist, dass die Lerner lernen (1) einander zu helfen, (2) zu unterstützen, (3) auf andere Rücksicht zu nehmen und (4) gemeinsam für das Ergebnis der Lernarbeit Verantwortung zu übernehmen. Aufgabe der Lehrperson ist primär die präzise und klare Formulierung der Arbeitsaufträge.

3.1.2.3 Kleingruppenarbeit

Kleingruppenarbeit meint den kooperativen Zusammenschluss von mindestens drei und höchstens fünf Lernern nach dem Zufallsprinzip (heterogene Kleingruppe) oder unter Berücksichtigung der Leistungsfähigkeit (homogene Kleingruppe) für einen von der Lehrperson zu begrenzenden Zeitraum zu einer produktiven Lerngesellschaft zum Zwecke der Bewältigung aufgabengleicher oder -verschiedener Arbeitsaufträge unter der Voraussetzung, dass die Lerner Einzelarbeit und Kleinstgruppenarbeit beherrschen. Die Kleingruppenarbeit dient nicht nur dem Abarbeiten vom Lehr-Lerninhalt, sondern unterstützt (a) das Entwickeln sozialer Kompetenzen, (b) die Fähigkeit zur Teamarbeit, (c) das Erlernen einer arbeitsteiligen Vorgehensweise und (e) das Präsentieren vor dem Klassenverband. Kleingruppenarbeit setzt eine Infrastruktur voraus, die ungestörtes Arbeiten der einzelnen Gruppen durch entsprechende Größe des Lernorts oder weitere Räumlichkeiten ermöglicht, die nötigen Hilfsmittel wie Lexika, Bücher, aber auch Medien zur Verfügung stellt und eine Größe von maximal 25 Lernern nicht überschreitet. „Aufgabengleiche Kleingruppenarbeiten sind dann sinnvoll, wenn die zu lösenden

Aufgaben als eher schwierig einzustufen sind und die Lehrperson möchte, dass alle Lerner die gleichen Aufgaben lösen. Die aufgabengleiche Kleingruppenarbeit kann dann angewendet werden, wenn für die Verarbeitungsfeedbackphase nicht viel Zeit zur Verfügung steht. Aufgabenverschiedene Kleingruppenarbeiten sind dann sinnvoll, wenn man ein Lehr-Lernziel erschöpfend behandeln will und man Lerner durch aufgabenverschiedene Kleingruppenarbeiten nicht in eine Wettbewerbssituation bringen will" (17, S. 76).

3.1.3 Interkommunikatives Verarbeitungslernen

„Die sprachliche Bewältigung sukzessiv abzuarbeitender Verarbeitungsprozeduren ist durch die sogenannte Dreiwegkommunikation definiert, die (1) aus Lehreräußerungen besteht, die sich an die Lerner richten, und (2) aus Lerneräußerungen besteht, die sich an die Lehrperson oder (3) an andere Lerner wenden. Sowohl Lehrer- als auch Lerneräußerungen können in der Kommunikation subjektiv und/ oder objektiv vier verschiedene Ausprägungen annehmen, nämlich (a) den Charakter der Frage, (b) den des Impulses, (c) den des Beitrages und (d) den der Antwort" (41, S. 229).

3.1.3.1 Lehrergeleitetes Verarbeitungsgespräch

Das Gespräch als didaktisches Vermittlungselement ist ein verbaler Austausch von Meinungen und Gedanken mit dem konkreten Ziel Lernprozesse beim Lerner zu aktivieren. Es soll einen erkennbaren Anfang, ein erkennbares Ende sowie innere Zielgerichtetheit aufweisen. Der Prozess der Kommunikation kann zwischen (1) Lehrperson (als Sender) und Lerner, (2) Lerner (als Sender) und Lehrperson sowie (3) Lernern untereinander stattfinden (Dreiwegkommunikation). Das lehrergeleitete Verarbeitungsgespräch findet in der Großgruppe statt und ist an keine bestimmte Sitzordnung gebunden. Lerner sollen die von der Lehrperson vorgegeben Fragen- bzw Problemstellungen ausführlich beantworten können, wobei Gesprächsregeln zu beachten sind und Lerneräußerungen im Sinne sachlicher Auseinandersetzung aktiv zum Lernergebnis beitragen. Die Rolle der Lehrperson ist je nach Ausmaß der Beherrschung dieser Verarbeitungsform durch die Lerner auf die des Moderators oder des Zuhörers auszulegen. Ziel ist, dass die Lerner mit ihren Äußerungen im Mittelpunkt stehen und sich die Lehrperson als Zuhörer zurückziehen kann. Bei disziplinären Verstößen, fachlichen Fragen der Lerner an die Lehrperson und bei möglichem Nichterreichen des Lernziels greift die Lehrperson aktiv als Moderator in die Verarbeitungsphase ein. Ein ausreichendes Ausmaß an fachlicher Kompetenz der Lehrperson ist Voraussetzung.

3.1.3.2. Diskussion

Die Diskussion zählt zum interkommunikativen Verarbeitungslernen. Die Anzahl der Lerner soll 15 nicht überschreiten, eine Sitzordnung im Kreis oder Viereck ist Voraussetzung. Vor Beginn der Diskussion muss (1) das Thema möglichst genau definiert sein, (2) der Lerner wissen, welche der möglichen Positionen (a) Befürworter, (b) Gegner, (c) Beobachter im Publikum oder (d) Diskussionsleiter er übernehmen soll bzw in welcher Position er sich befindet und (3) der Lerner genügend Zeit haben sich auf seine Pro- oder Kontraargumentation vorzubereiten. Die Rolle des Diskussionsleiters kann von der Lehrperson ausgeführt werden, bei Vertrautheit der Lerner mit dieser Rolle aufgrund mehrmaligen Durchführens dieser Form des Verarbeitungslernens kann die Rolle auch vom Lerner übernommen werden. Der Rolle des Diskussionsleiters kommt besondere Bedeutung zu, da (1) die Möglichkeit besteht, dass Diskussionsteilnehmer vom Thema abschweifen oder Regeln brechen und (2) am Ende der Diskussion eine Auswertung derselben mit Einbeziehung der Beobachter erfolgen soll. (a) Akzeptanz unterschiedlicher Meinungen, die auch am Ende der Diskussion bestehen können, (b) Lernen zu argumentieren, (c) Förderung sprachlicher Ausdrucksfähigkeit und (d) Lernen auf andere Menschen einzugehen sind als Vorteile der Diskussion zu nennen.

3.1.3.3 Reproduzierend-kreatives Rollenspiel

„Unter reproduzierend-kreativem Rollenspiel versteht man eine freiwillige, spontane, schauspielerische Darstellung einer bestimmten Szene in Form einer ganzheitlichen Intensivverarbeitung, die nach Möglichkeit auf Video oder Tonband aufgezeichnet wird" (17, S. 85).

Im gelenkten Rollenspiel ist das Agieren des Lerners weitgehend festgelegt, dh der Lerner übernimmt eine Rolle anhand von Vorgaben, die präzise auf einem Rollenkärtchen schriftlich definiert sein können. Diese Variante (a) „role taking" (vgl. 27, S. 357) eignet sich besonders für Lerner, die im Rollenspiel noch unerfahren sind. Sind die Lerner mit dem Rollenspiel bereits vertraut, eignet sich die Variante (b) „role making" (vgl. 27, S. 357), bei der die Lerner eine zugewiesene Rolle frei und kreativ darstellen und ausfüllen können. Das Rollenspiel kann als eine Art Verhaltenstraining betrachtet werden, da vom Lerner bestimmte Verhaltensweisen eingeübt werden. Der Lerner lernt sich selbst besser kennen, kann bislang unentdeckte Fähigkeiten und Fertigkeiten erfahren wie auch ein tieferes Verstehen und Einfühlen für Handlungen und Verhaltensmuster seiner Mitmenschen entwickeln. Er lernt sowohl an der Ausübung der eigenen Rolle wie auch am Erleben des Mitmenschen in der anderen Rolle. Ziel ist die Auseinandersetzung mit erlerntem Wissen auf Anwenderebene in wirklichkeitsnahen Alltagssituationen. Für die Durchführung ist relevant, dass (1) die Lehrperson im Vorfeld das Thema bekannt gibt und die Rollen benennt und (2) sich der Lerner (a) auf freiwilliger Basis mit der jeweiligen Rolle vertraut macht und (b) genügend Vorbereitungszeit hat sich selbst und sein Spielfeld der Rolle gemäß zu adaptieren und Zeit hat sich mit dem Partner zu koordinieren. Nicht ins Rollenspiel involvierte Lerner werden mit konkreten Beobachtungsaufträgen betraut, die bei den Beobachtern selbst Lernprozesse fördern und als Basis für Feedback verwendet werden können. Die Verarbeitungsfeedbackphase erfolgt mittels Analyse der Video- bzw Tonbandaufzeichnung. Der Lerner hat so die Möglichkeit sich selbst zu sehen und/ oder zu hören, auf seine Wirkung auf andere aufmerksam zu werden und sogenannte blinde Flecken der Selbstwahrnehmung zu korrigieren. Er wird aufgefordert, zu seiner persönlichen Wahrnehmung in der Situation und beim Analysieren der Aufzeichnung Stellung zu nehmen und auf weitere von ihm erwünschte Lernziele einzugehen. Weiters erfolgt ein Feedback durch die Beobachter und die Lehrperson mit dem Ziel den Lerner auf seine Entwicklungsmöglichkeiten aufmerksam zu machen.

3.1.4 Unterweisung als selbstständiges didaktisches Vermittlungselement

„(1) PC-Unterricht, (2) Teamteaching mit verschiedenen Verarbeitungsvarianten, (3) Demonstrationsunterricht, (4) Unterweisungsvarianten sowie (5) Gruppen-Puzzle sind dadurch gekennzeichnet, daß sie sich schwer einer einzelnen didaktischen Kategorie zuordnen lassen und daher als selbständige didaktische Vermittlungselemente anzusehen sind. Mit jedem dieser selbständigen Vermittlungselemente kann eine (geblockte) Unterrichtseinheit bestritten werden" (41, S. 239).

Der Lernprozess bei der Unterweisung ergibt sich durch folgende aufeinander folgenden Phasen: (1) Einstieg, dh zu Beginn des Anlernverfahrens klärt die Lehrperson mit dem Lerner, welche Tätigkeit/ Aufgabe zu erfüllen ist, welches Ziel erreicht werden soll und wie dies vor sich gehen wird. Das Lehr-Lernziel wie auch Sinn und Notwendigkeit der zu lösenden Aufgabe werden von der Lehrperson in klarer, prägnanter Sprache bekannt gegeben. Ziel ist, dass der Lerner durch Anleitung mittels geeigneter Aufgabenstellung zu selbstständigem Lernen hingeführt wird. Für die Erfüllung der Aufgabe werden (a) Hilfsmittel und (b) Grenzen (zB Zeitlimit) im einleitenden Gespräch festgelegt. (2) Danach folgt das Vorzeigen, Vorführen des Lehr-Lerninhalts bei gleichzeitiger, präziser, vom Umfang kurzer mündlicher Erklärung. (3) Anschließend führt der Lerner im Beisein der Lehrperson den vorgeführten Lehr-Lerninhalt durch und erläutert denselben mit eigenen Worten. Das Besprechen des Durchgeführten mit der Lehrperson dient dem Lerner einerseits zur besseren Verarbeitung und andererseits zur verbalen Verständigung über den zu verrichtenden Lehr-Lerninhalt. (4) Durch gezieltes Üben wiederholt der Lerner bei abnehmender Kontrolle durch die Lehrperson den Lehr-Lerninhalt in dem Ausmaß, bis die erwünschte Perfektion oder Automatisierung erreicht ist. (5) Beherrscht der Lerner den Lehr-Lerninhalt, dann erfolgt das Anwenden in der Praxis, dh der Lerner erprobt selbstständig die neu erlernten Fertigkeiten und sein Wissen im praktischen Tun und lernt gleichzeitig Verantwortung zu übernehmen und Fremdfeedback über seine Leistung zu erhalten.

Nach Schwendenwein (2000) ist die Unterweisung für folgende Zielsetzungen bedeutsam: „... (1) wenn der Lerner zum Erwerb eines Handlungsvollzuges planmäßig und systematisch angeleitet werden soll, (2) wenn er den gewünschten Handlungsvollzug (a) möglichst rasch, (b) genau, (c) gewissenhaft, (d) souverän bzw unfallsicher und (e) ausführungsschnell zeigen soll, (3) wenn er den im Prinzip erlernten Handlungsvollzug unter unterschiedlichen Bedingungen zwecks Erwerb umstandsangepaßter Handlungsroutine trainieren soll (...)" (41, S. 251).

3.1.5 Ausbildungsorientiertes Rollenspiel als Trainingselement

Unter dem Terminus Trainingselemente sind (a) ausbildungsorientierte Rollenspiele, (b) Teamplanspiele, (c) Simulationen und (d) Praktika zu verstehen mit dem Ziel der professionellen Vorbereitung und der Entdeckung und Förderung von berufsspezifischen Fähigkeiten wie auch der Umsetzung von Kenntnissen und des Ausübens von Fertigkeiten, indem durch Identifikation mit vorgegebenen Rollen als Praktikant im

Praxisbetrieb reale Situationen in einer simulierten Umwelt planmäßig durchgeführt beziehungsweise, ausgeführt werden mit der Möglichkeit von Selbst- und Fremdevaluation.

„Unter ausbildungsorientiertem Rollenspiel (als Verhaltenssimulation) ist der übende Umgang des Lerners allein oder gemeinsam mit einigen anderen Lernern (im Team) und gegebenenfalls unter Anleitung und Kontrolle einer Lehrperson zur (späteren) Einlösung konkreter Berufsaufgaben (zB Einüben eines sozialkommunikativen Verhaltensmusters) mit Einbeziehung aller notwendigen Personengruppen (aufgabensimulierende Personen) und Sacherfordernisse im sozialen Umfeld (in wirklichkeitsnahen Situationen), die auch Problem- und Krisensituationen einschließen, gemeint, wobei dem Selbst- und Videofeedback sowie dem Fremdfeedback (beobachtende Lerner und Lehrperson) zur Rollenoptimierung und –internalisierung entscheidende evaluative Bedeutung zukommt" (41, S. 274).

Im ausbildungsorientierten Rollenspiel werden berufserforderliche Fähigkeiten, Kenntnisse und Fertigkeiten gefördert oder weiterentwickelt. Die gewissenhafte Vorbereitung auf das Rollenspiel ist ein wesentlicher Faktor für die professionelle Umsetzung der Rolle unter Einbeziehung der Erwartungen der Umwelt (zB Personalchef bei Vorstellungsgespräch) sowohl auf der Sachebene als auch der Beziehungsebene (vgl. 41, S. 274).

Nach Schwendenwein (2000) ist das ausbildungsorientierte Rollenspiel unter anderem für Zielsetzungen wie beispielsweise (1) das Hineinversetzen in die Rolle oder Situation anderer, (2) das Erproben von Handlungsalternativen, (3) das Erkennen der Wirkung von individuellem Verhalten und Persönlichkeitsmerkmalen bei anderen, (4) das Bewusstwerden zielführender und erfolgsbringender Verhaltensmuster, (5) das Optimieren der Fähigkeit von Selbst- und Fremdevaluation, (6) das Erleben der Notwendigkeit aktiven Zuhörens für erfolgreiche, professionelle Kommunikation, (7) das Gewinnen von Sicherheit in berufsspezifischen Verhaltensweisen und Umgangsformen wie auch (8) das Erleben der Notwendigkeit von Improvisation (vgl. 41, S. 275) von Bedeutung.

3.2 Curriculare Präliminarien

3.2.1 Generelle Leitziele

Generelle Leitziele sind die Fehlerminimierung des Lehrgangsteilnehmers im Bewerbungsprozess, die Förderung der Kommunikationskompetenz und das Umsetzen optimaler, authentischer Verkaufsstrategien für die eigene Individualität. Die (1) Fehlerminimierung des Lehrgangsteilnehmers im Bewerbungsprozess ist an Erwartungen des potentiellen Arbeitgebers und des Ausbildungsverantwortlichen wie beispielsweise (a) vernünftiges Auftreten, (b) korrekte Umgangsformen, (c) optimale Vorbereitung (zB in Bezug auf die Bewerbungsunterlagen) gebunden. Die (2) Förderung der Kommunikationskompetenz steht in engem Zusammenhang mit den Erwartungen (a) der Befähigung ein informatives Gespräch in Form eines Vorstellungsgespräches wie auch am Telefon führen, (b) Gesprächsregeln einhalten und (c) verbal wie auch nonverbal bestmöglich präsentieren zu können. Das (3) Umsetzen optimaler, authentischer Verkaufsstrategien für die eigene Individualität ist für den möglichen Arbeitgeber in Bezug auf das Kennenlernen individueller Ressourcen und Persönlichkeitsmerkmale des Bewerbers und seiner rationalen Begründung für die Wahl des Berufs wie auch der Firma, in der er den Beruf erlernen möchte, von entscheidender Bedeutung.

3.2.2 Die Bedeutung des Bewerbungstrainings für den Lehrgangsteilnehmer

Im Rahmen des Bewerbungstrainings erschließen sich vielfach durch intensive Auseinandersetzung mit der Persönlichkeitsstruktur der Lehrgangsteilnehmer Gründe für den vergeblichen Eintritt in ein Arbeitsverhältnis wie beispielsweise (a) gravierende Fehler bei der schriftlichen Bewerbung, (b) indiskutable Verhaltensweisen bei Vorstellungsgesprächen, (c) inkonsequentes Verfolgen einer Bewerbungsstrategie, (d) frühzeitige Aufgeben des Ziels, (e) mangelnde Eignung für den gewählten Beruf, (f) Neigungen, die dem gewählten Beruf nicht entsprechen, (g) Mangel relevanter Arbeitstugenden, (h) geringe Kommunikationsfähigkeit, (i) geringer Selbstwert und negatives Selbstkonzept („Das schaffe ich nie!", „Ich bin zu nichts zu gebrauchen!") und (j) irrationale Ideen („Schwierigkeiten weicht man besser aus!"), etc. Im Bewerbungstraining werden diesbezüglich relevante Fertigkeiten und Kenntnisse erworben, ebenso ist es Aufgabe des Bewerbungstrainers die Persönlichkeit des Lehrgangsteilnehmers zu bilden, Verhaltens- und Kommunikationsmuster bewusst zu machen und auf die Erwartungen der Arbeitgeber und Gesellschaft hinzuweisen. Vom Trainer ist diesbezüglich auch Erziehungsarbeit zu leisten. Dadurch kann ein besonderes Vertrauensverhältnis zwischen Lehrgangsteilnehmer und Trainer entstehen und der Trainer zu einer wichtigen Bezugsperson werden.

3.2.3 Zu erwerbende allgemeine und spezielle Fähigkeiten

Im folgenden Formalfundamentum sind jene Fähigkeiten beim Lehrgangsteilnehmer durch den Trainer unbedingt zu fördern, „und zwar unabhängig von jenen, die in den vorkommenden Lernzielen jeweils taxonomisch genannt werden" (41, S. 70).

3.2.3.1 Definition des Formalfundamentums

Gegen Ende des Lehrganges soll der Lehrgangsteilnehmer (1) kommunizieren und erklären, (2) mündlich und schriftlich Kontakt aufnehmen, (3) Verantwortung für sich selbst wahrnehmen, (4) sich anstrengen wollen, (5) selbstständig handeln, (6) flexibel agieren, (7) psychisch belastbar sein, (8) koordinieren und organisieren, (9) kreativ agieren und gestalten, (10) kritisch und analytisch denken, (11) eigenständig Informationen beschaffen und bewerten, (12) zielstrebig arbeiten, (13) Selbst- und Fremdkritik annehmen und positiv umsetzen und (14) ein eigenes, individuelles Belohnungssystem schaffen können.

3.2.3.2 Definitionen

Tab. 04: Zu erwerbende Teilkompetenzen

01. „Kommunizieren und erklären können". Diese berufsvollzugsübergreifende Fähigkeit beinhaltet nicht nur die Fähigkeit des Lehrgangsteilnehmers Informationen austauschen zu können, sondern auch das klare und präzise Formulieren- und Erklären können von relevanten Bedürfnissen, Wünschen, Erlebnissen, Zielen, die die eigene Person betreffen, weiters ist damit (1) Argumentation, (2) Aufbau der Beziehungsebene, (3) das Unterscheidenkönnen zwischen Sach- und Beziehungsebene, (4) überzeugende Artikulation, (5) die Fähigkeit Feedback anzunehmen und daraus produktive Schlüsse ziehen können und (6) die Fähigkeit Feedback geben und (7) aufrichtiges Interesse zeigen können.

Fortsetzung 1 von Tab. 04

02. „**Mündlich und schriftlich Kontakt aufnehmen können**". Bei dieser Fähigkeit geht es vor allem darum, dass der Lehrgangsteilnehmer (1) mündlich, dh (a) persönlich vorsprechen oder (b) telefonieren oder (2) schriftlich, dh (a) per Brief oder (b) per em@il Erstkontakt mit potentiellen Ausbildungsbetrieben aufnehmen kann mit dem Ziel durch diesen Erstkontakt den Adressaten zum Veranlassen eines weiteren Kontaktes in Form eines Vorstellungsgesprächs zu bewegen.
03. „**Verantwortung für sich selbst übernehmen können**". Diese Fähigkeit impliziert das Wahrnehmen und Übernehmen von Eigenverantwortung des Lehrgangsteilnehmers für alle getätigten wie auch nicht getätigten Handlungen und den daraus resultierenden Konsequenzen während des gesamten Bewerbungsprozesses.
04. „**Sich anstrengen wollen**". Diese Fähigkeit beinhaltet, dass der Lehrgangsteilnehmer über das vom Trainer geforderte Ausmaß an Motivation, Engagement und Leistung hinaus, von sich aus, dh intrinsisch, bemüht ist das Lehr-Lernziel zu erreichen und dieses Ziel auch dann zielstrebig verfolgt, wenn die Rahmenbedingungen nicht optimal sind.
05. „**Selbstständig handeln können**". Unter dieser Fähigkeit ist zu verstehen, dass der Lehrgangsteilnehmer befähigt und von sich aus in der Lage ist zu erkennen (1) wann er und (2) wie er handeln muss sowie von sich aus in der Lage ist (3) die Handlung selbstständig umzusetzen unter (a) Einbeziehung der erlernten beruflichen Sets, (b) Evaluierung der Situation und (c) in klarer Kenntnis der Konsequenzen seiner Handlung.
06. „**Flexibel agieren können**". Bei dieser Fähigkeit geht es um die kognitive Flexibilität des Lehrgangsteilnehmers sich auf Situationen und Personen, dh (a) auf unterschiedliche Kommunikationsstile, (b) verschiedene Firmenphilosophien, (c) arbeitsplatzbezogene Anforderungsprofile, die sich nicht gänzlich mit den persönlichen Erwartungen decken, etc. einzustellen bzw anzupassen, wobei er eigene Grenzen überschreiten und Zielstrebigkeit eine Konstante bleiben soll.

Fortsetzung 2 von Tab. 04

07.	**„Psychisch belastbar sein können".** Diese Fähigkeit beinhaltet, dass der Lehrgangsteilnehmer dem Druck, der während des Bewerbungsprozesses (1) von außen seitens (a) der Eltern (zB durch deren Erwartungen, Besorgnis, etc.) und seitens (b) potentieller Lehrherrn (zB durch langwierige Bewerbungsverfahren, Hinhalten bei der Mitteilung der Entscheidung) wie auch (2) von innen, dh durch Selbstevaluierung und eventuell folgender persönlicher Schuldzuweisung für das Nichterreichen des Ziels (der Einstieg in eine reguläre Lehrstelle), gewachsen ist und die psychische Belastungen in erster Linie selbst bewältigen kann bzw gegebenenfalls selbst um Hilfe bittet.
08.	**„Koordinieren und organisieren können".** Diese Fähigkeit impliziert insbesonders die Fähigkeit des Lehrgangsteilnehmers sich selbst zu organisieren, die einzelnen Schritte im Bewerbungsprozess selbstständig zu planen und Vorbereitungen tätigen, wie beispielsweise das Beschaffen von fehlenden Zeugnissen.
09.	**„Kreativ gestalten und agieren können".** Unter dieser Fähigkeit ist zu verstehen, dass der Lehrgangsteilnehmer seine schriftliche Bewerbung unter Einbeziehung aller ihm zur Verfügung stehenden Mitteln und Wahrung von formalen Grenzen ansprechend und ideenreich in Bezug auf Layoutierung und Inhalt gestaltet, wie auch während des gesamten Bewerbungsprozesses und insbesondere beim Vorstellungsgespräch auftretende Schwierigkeiten neu, sinnvoll und zielführend lösen kann.
10.	**„Kritisch und analytisch denken können".** Bei dieser Fähigkeit geht es um das kritische Auseinandersetzen und Reflektieren des Lehrgangsteilnehmers mit (1) eigenem (a) erfolgreichem wie auch (b) nicht erfolgreichem Verhalten und (2) dem Verhalten anderer, insbesondere des potentiellen Lehrherrns, wie auch um die Fähigkeit zur realistischen Analyse der Situation und daraus zu ziehender Schlüsse und gegebenenfalls Verhaltensänderungen.
11.	**„Eigenständig Informationsbeschaffung vornehmen und diese bewerten können".** Diese Fähigkeit impliziert, dass der Lehrgangsteilnehmer eigenständig Informationen beschaffen kann, diese anschließend kritisch analysiert, in besonderer Weise unter Berücksichtigung des Aspektes der persönlichen Relevanz/ Betroffenheit bzw Nichtbetroffenheit das Vornehmen einer Bewertung in Form von Gewichtung mit dem Ziel, auf rationaler Basis eine Entscheidung für weiteres Handeln zu treffen.

Fortsetzung 3 von Tab. 04
12. „Zielstrebig arbeiten können". Diese Fähigkeit besagt, dass der Lehrgangsteilnehmer in der Lage ist bei (a) Auftreten von Hindernissen, wie beispielsweise Unlust, Frustration, Absagen, etc. und (b) Ablenkungen sein Ziel nicht aus den Augen zu verlieren und auf dieses hinzuarbeiten, dh sich selbst Aufträge und Lernziele zu erteilen.
13. „Selbst- und Fremdkritik annehmen können". Bei dieser Fähigkeit geht es um die positive Annahme von konstruktiver Kritik durch sich selbst wie auch durch andere mit dem Ziel, aus dieser Kritik einen Evaluationsprozess beim Lehrgangsteilnehmer einzuleiten mit Auswirkung auf sein Verhalten bzw Agieren.
14. „Ein eigenes, individuelles Belohnungssystem schaffen können". Bei dieser Fähigkeit geht es darum, dass der Lehrgangsteilnehmer nach erfolgreich absolvierten Aufträgen, die ihn seinem Ziel näher gebracht haben, sich selbst belohnen bzw positiv sanktionieren kann, um weiterhin positiv motiviert zu sein und anstrengende, jedoch zielführende Verhaltensweisen beizubehalten.

3.2.4 Didaktisch-methodische Grundsätze

3.2.4.1 Definition

„Didaktisch-methodische Grundsätze sind lernzielübergreifende Vorgehensvorschriften, die bei der Vermittlung der meisten (curricularen) Lernziele von jeder Lehrperson zur Erreichung des geforderten Bildungsstandards oder der gewünschten Gesamtqualifikation (zB Pflichtschulabschluß,..., irgendeine berufliche Abschlußqualifikation) (a) beachtet und (b) in der Regel auch verwirklicht werden müssen. Sie sollen der Lehrperson (a) Orientierung und (b) Hilfe bei der Planung, Gestaltung und Evaluation... seiner Unterrichts- und Erziehungsarbeit leisten" (41, S. 58).

3.2.4.2 Didaktisch-methodische Grundsätze im fachtheoretischen Unterricht

Neben den gängigen didaktisch-methodischen Grundsätzen wie beispielsweise (1) Veranschaulichung, (2) Lernortangemessenheit, (3) Regionalbezug, (4) Aktualität, (5) Vereinfachung, (6) Ganzheitlichkeit, (7) inhaltliche Komplementarität und (8) pädagogische Beharrlichkeit sind für die Umsetzung des fachtheoretischen Ausbildungscurriculums noch folgende didaktisch-methodischen Grundsätze von eminenter Bedeutung und haben Gültigkeit:

Tab. 05: Weitere didaktisch-methodische Grundsätze des Ausbildungscurriculums

1. **Praxisorientierte Vermittlung.** Lehr-Lerninhalte sollen unter Einbeziehung (a) wissenschaftlicher Erkenntnisse, (b) Erfahrungen und (c) Berücksichtigung von Gesetzesgrundlagen (Berufsausbildungsgesetz, Jugendausbildungssicherungsgesetz) weitergegeben werden.
2. **Abwechslungsreiche Vermittlung.** Der Einsatz (a) didaktischer Vermittlungselemente sowie der von (b) Medien soll vom Trainer abwechslungsreich, das Lernziel unterstützend und Lernzuwächse fördernd erfolgen.
3. **Einhaltung der fachtheoretischen Phasensequenz.** Die Phasensequenz (a) Informationsinput, (b) Informationsverarbeitung und (c) Verarbeitungsfeedback soll bei der Planung und Durchführung des fachtheoretischen Unterrichts berücksichtigt werden.
4. **Individualisierung und Differenzierung.** Die Individuallage (zB Leistungs- und Lernschwäche) des Lehrgangsteilnehmers soll in Form der Individualisierung und Differenzierung berücksichtigt werden.
5. **Begründungspflicht.** Vom Lehrgangsteilnehmer geforderte Umgangsformen und Verhaltensweisen sollen für diesen einsichtig sein und deren Notwendigkeit von ihm überzeugend erklärt werden.
6. **Sicherung des Unterrichtsertrags.** „Durch die große Anzahl zu erreichender Ziele... soll auch die Vergabe interindividueller... wie auch kollektiver Hausaufgaben... zur Sicherung des Unterrichtsertrages vorgesehen werden" (39, S. 148).
7. **Regelmäßige Selbst- und Fremdevaluation.** Zur Überprüfung des Unterrichtsertrages dienen Selbst- und Fremdevaluation (durch andere Lehrgangsteilnehmer und den Trainer).
8. **Verwendung des fachtheoretischen Ausbildungspasses.** Im fachtheoretischen Ausbildungspass (41, S. 343) wird das Ergebnis der Evaluation des Unterrichtsertrages schriftlich dokumentiert.

3.2.4.3 Didaktisch-methodische Grundsätze im fachpraktischen Unterricht

3.2.4.3.1 Thematische Bezüge zwischen fachtheoretischem und fachpraktischem Ausbildungscurriculum herstellen

Die am Ende des Trainings erwünschte Gesamtqualifikation des Lehrgangsteilnehmers wird während des Trainings in kleinen, dem Leistungsniveau und Vorwissen des Lehrgangsteilnehmers entsprechenden Schritten vermittelt. Zur Vernetzung der Lehr-Lerninhalte ist das Herstellen thematischer Bezüge zwischen fachtheoretischem und fachpraktischem Ausbildungscurriculum von Seiten des Trainers und des Lehrgangsteilnehmers zu beachten (vgl. 39, S. 157).

3.2.4.3.2 Den fachpraktischen Ausbildungspass einsetzen

Für jeden Lehrgangsteilnehmer muss ein fachpraktischer Ausbildungspass angelegt sein, der vom Trainer am Ausbildungsort aufbewahrt und zu jeder Trainingseinheit mitgenommen und eingesetzt wird. Dieser hat für den Lehrgangsteilnehmer einsichtig zu sein, um ihm jederzeit transparenten Zugang zu seinen Leistungen zu ermöglichen. Die Aufgaben und Funktionen des Ausbildungspasses definiert Schwendenwein (1996) als (a) Vorgabe, (b) Orientierung, (c) Dokumentation und (d) Evaluation (vgl. 39, S. 158).

3.2.4.3.3 Üben in Klein- und Kleinstgruppenarbeit

Die Anzahl der Trainer ist abhängig von der Teilnehmeranzahl: Besteht die Trainingsgruppe aus bis zu zwölf Lehrgangsteilnehmern, dann wird diese von einem Trainer geleitet, ab dem 13. Lehrgangsteilnehmer wird ein zweiter Trainer hinzugezogen, erst mit dem 24. Lehrgangsteilnehmer erfolgt die Teilung der Gruppe in zwei Trainingsgruppen zu je zwölf Lehrgangsteilnehmern mit je einem Trainer. Der Einsatz von zwei Trainern in einer Trainingsgruppe ermöglicht (a) expertenhomogenes Teamteaching und (b) intensivere Betreuung von Kleinstgruppen- wie auch Einzelarbeit. Dadurch sollen optimaler, individueller Lernzuwachs jedes einzelnen Lehrgangsteilnehmers und die Erreichung der Lernziele inklusive der erwarteten Gesamtqualifikation gewährleistet werden. Umfang der Trainingsgruppe und Anzahl der Trainer sind dadurch notwendig, dass eine beträchtliche Anzahl der Lehrgangsteilnehmer erfahrungsgemäß (1) bereits negative Vorbelastungen und Erfahrungen in Bezug auf die Ausführung und Umsetzung des Lerninhalts mitbringt, was zu einer intensiven Auseinandersetzung mit diesen führen soll (in der Gruppe und auch einzeln), (2) aus dem großen Pool der Schulabsolventen jene Gruppe bildet, die aufgrund von Handicaps wie (a) kein positives Pflichtschulzeugnis, (b) Repetenten, (c) Drop Outs von BMS und BHS, (d) Lehrabbrecher, (e) Besucher der 3. Leistungsgruppe in HS und Polytechnischer Schule, (f) bereits länger lehrstellensuchend, etc. am Arbeitsmarkt benachteiligt ist, (3) Defizite hat bezüglich (a) Sozialverhalten und Umgangsformen, (b) lösungsorientierter Problembewältigung, (c) intrinsischer Motivation und Lernwille, (d) Lernen (Teilleistungsstörungen, mangelnde Förderung durch das Elternhaus) und (4) geringe Fähigkeit zur Stressbewältigung aufgrund Häufung erlebter Stressfaktoren wie (a) Tod eines Elternteils oder beider, (b) Arbeitslosigkeit (eigene wie auch enger Familienangehöriger), (c) chronische Erkrankungen, (d) Scheidung der Eltern, (e) Schwangerschaft wie auch -sabbruch, (f) sexueller Mißbrauch, (g) Mißbrauch von Suchtmitteln, (h) Essstörungen, etc. und deren fehlender Aufarbeitung hat.

Abhängig von der Phasensequenz des Trainings kann an ein- und demselben bzw an einem anderen didaktischen Lernort geübt werden. Beispielsweise kann ein Videotraining für ein Vorstellungsgespräch zu Beginn im Lehrsaal vor der gesamten Gruppe mit klar formulierten Arbeitsaufträgen für alle Lehrgangsteilnehmer stattfinden. In der Übungsphase, in welcher jeder einzelne Lehrgangsteilnehmer die Rolle des Bewerbers in Form eines ausbildungsorientierten Rollenspiels simulieren und evaluieren können soll und in welcher so lange wiederholt wird, bis das Lernleistungsresultat in Ordnung ist, ist eine räumliche Trennung von Lehrgangsteilnehmern, die andere Lerninhalte üben erforderlich, diese Trainingsphase kann in einem anderen Lehrsaal oder einem dafür eigens adjustierten Raum mit den erforderlichen Medien (Videokamera, Stativ, Fernseher, Videorekorder, usw) und den für die Simulation erforderlichen Mitteln wie Schreibtisch, zwei Sitzgelegenheiten, Büromittel, usw stattfinden. Weitere didaktische Lernorte bilden neben den erwähnten Lehrsälen ein Computerraum und ein Raum mit Telefonanschluss. In der Trainingsgruppe werden zum Erlernen der fachpraktischen Lernziele nach Inputphasen durch den/ die Trainer und nach Trainingsphasen Einzelner vor der gesamten Trainingsgruppe Anweisungen für das Training in Kleinst- bzw Kleingruppen geben zu können. Das Üben findet bei Beherrschung der gewünschten Qualität unter abnehmender Kontrolle durch den Trainer statt. Weiters wird darauf hingewiesen, dass am Beginn des Trainings unter idealen Bedingungen trainiert wird, danach erfolgt das Trainieren unter zusätzlich eingebauten Schwierigkeiten, und wenn das Lernleistungsresultat zur Zufriedenheit des Trainers erfolgte, dann findet die Umsetzung in der Realität statt.

Die Klein- und Kleinstgruppenarbeit ermöglicht (a) das Lernen am Modell, dh richtige Problemlösung wie auch Fehlerquellen und Fehlervermeidungsstrategien können durch Beobachtung den Lernprozess beschleunigen, darauf begründet sich (b) die Übernahme von konkret verbalisierten Beobachtungsaufträgen durch die Lehrgangsteilnehmer, (c) das intensive Einsetzen didaktischer Trainingselemente mit dem Ziel relevante Fertigkeiten zu trainieren, (d) das Aufzeigen von Mängeln sowie (e) das Wiederholen, bis das Lernleistungsresultat der individuellen Lernfähigkeit und dem Lernziel entspricht. Im Zentrum des Trainings stehen beispielsweise die das Rollenspiel ausführenden Lehrgangsteilnehmer. Disziplinverstößen der Beobachter ist durch klare Beobachtungsaufträge zu entgegnen bzw sind diese negativ zu sanktionieren (vgl. 39, S. 160). „Viele Lerner können aufgrund ein- oder mehrmaliger Modellwahrnehmungen und angeschlossener Fertigkeitsanalyse inklusive mentalen Trainings (=fertigkeitenanalysierendes Wahrnehmungslernen) das zu erlernende Verhaltensmuster zwar exakt beschreiben und vorstellen, aber trotzdem nicht auf Anhieb erwartungsgetreu ausführen. Im Gegensatz zur 'ganzheitlichen' Erfassung und prompten modellkonformen Ausführung durch einen speziell talentierten oder leistungsstarken Lerner kann es allerdings sehr oft nötig werden, zuerst einzelne (schwierige) Verhaltenskomponenten des Verhaltensmusters zu trainieren und erst danach in einem Koordinationsprozeß schrittweise miteinander zu verknüpfen" (41, S.139).

3.2.4.3.4 Selbstfeedback vor Fremdfeedback

01. Unter Feedback ist die auf die erbrachte Trainingsleistung des Lehrgangsteilnehmers während oder nach der Trainingseinheit folgende Leistungsrückmeldung, die formale und materiale Feedbackkomponenten aufzuweisen hat, zu verstehen. Die formale Feedbackkomponente bezieht sich auf Arbeitstugenden des Lehrgangsteilnehmers und wird in Form positiver oder negativer Sanktion zum Ausdruck gebracht, während die materiale Feedbackkomponente sich auf die erbrachten Leistungsergebnisse der Lernarbeit bezieht. Voraussetzung dafür ist die genaue, sorgfältige qualitative und quantitative Beobachtung durch den Trainer.

02. Als Feedbackgeber können (A) Personen: (a) Selbstfeedbackgeber (der Lehrgangsteilnehmer selbst) oder (b) Fremdfeedbackgeber (der Trainer, andere Lehrgangsteilnehmer) oder (B) Medien: (a) Videofeedback und (b) Tonfeedback genannt werden.

03. Zur dauerhaften Verbesserung der Lernleistung sollen die Feedbackarten kombiniert werden (vgl. 01-03, 41, S. 168-169).

04. Positives Feedback kann im Sinne der Lerntheorien als positiver Verstärker betrachtet werden. Häufigkeit, regelmäßiges bzw unregelmäßiges Auftreten dieses Verstärkers bilden das Verstärkungsmuster, welches direkt Auswirkungen auf das erwünschte Verhalten hat. Wenn das erwünschte Verhalten, die zu erlernende Leistung, nicht jedes Mal nach Erbringen mit positivem Feedback verstärkt wird, dann tritt der Effekt der partiellen Verstärkung ein, der besagt, „daß Reaktionen, die unter einem Plan der partiellen Verstärkung (auch gelegentlichen bzw intermittierenden Verstärkung) erworben werden, widerstandsfähiger gegen Extinktion (Löschung) sind als Reaktionen, die kontinuierlich verstärkt wurden" (51, S. 254). Für den Trainer heißt dies eine genaue Beobachtung der Lernleistung und unregelmäßige Verstärkung durch formales und materiales Feedback.

05. Die Kompetenz des Lehrgangsteilnehmers zu realistischer Selbstevaluation, dh zum selbstständigen Erkennen des erwünschten Leistungsresultats und seiner eigenen Abweichungen von demselben ist vorrangiges Ziel. Er soll befähigt werden die erwähnten Abweichungen zu erkennen und in weiteren Trainingsphasen eine schrittweise Optimierung durchzuführen. Das Entdecken eigener Fehler durch den Lehrgangsteilnehmer selbst ist von eminenter, immenser Bedeutung für den Lernprozess und „grundsätzlich wertvoller und langfristig effizienter als jedes noch so überzeugende Fremdfeedback" (39, S. 163).

06. Daraus ergibt sich die folgende vom Trainer einzuhaltende und forcierende Reihenfolge: Nach der erbrachter Lernleistung ist zuerst der Lehrgangsteilnehmer zu Selbstfeedback aufgefordert, danach folgt Fremdfeedback durch andere Lehrgangsteilnehmer oder Medien und zuletzt erfolgt das Feedback durch den Trainer, der in der Lage sein muss, lernzielförderndes, korrigierendes, informierendes oder regulatives Feedback zu geben.

3.2.4.3.5 Zeitliche Platzierung des Bewerbungstrainings

Die Teilnahme am Bewerbungstraining erfolgt sinnvoller Weise erst nach einer eingehenden Berufsorientierung, dh der Lehrgangsteilnehmer muss bereits eine stabile, rational-autonome Berufswahlentscheidung getroffen haben.

3.2.4.3.6 Regelmäßige Überprüfungen von bereits korrekt ausgeführten Lernzielen durchführen

Um unerwarteten Misserfolgen vorzubeugen, dh bereits korrekt beherrschte Lernziele werden wider Erwarten vom Lehrgangsteilnehmer mangelhaft ausgeführt, ist eine regelmäßige Überprüfung von im Ausbildungspass als erfüllte Lernziele notierten Leistungen durchzuführen um die erwartete Qualität auch beim Aktiven Bewerben, dh beim Umsetzen in der Realität gewährleisten zu können.

3.2.4.3.7 Übungsplateaus

Übungsplateaus sind dann eingetreten, wenn eine deutliche Abnahme des Lernzuwachses klar erkennbar ist sowie „trotz kontinuierlichen Wiederholens kein merkbarer Lernzuwachs mehr zu verzeichnen ist und sich zusätzlich Ermüdungserscheinungen einstellen. Kündigt sich ein ... Übungsplateau ... an, dann soll der Lerner den Wiederholungsprozeß durch Einlegen einer Pause unterbrechen. Besonders im psychomotorischen Bereich sind Übungsplateaus zu vermeiden, weil sie bei Lernern Selbstwertgefühl, Selbstkonzept und infolge dessen auch die Übungsbereitschaft unnötigerweise schwer beeinträchtigen und anstelle derselben unerwünschte Phänomene (zB Unlust, Aggression) treten..." (41, S. 144).

3.2.4.3.8 Persönliche Bewerbungsstrategie zurechtlegen

Bewerbungsstrategien sollen analysiert und anschließend soll eine individuelle, optimal zur Persönlichkeit des Lehrgangsteilnehmers passende Strategie unter Berücksichtigung von Wahrnehmungs- und Lerntyp wie auch der persönlichen Stärken internalisiert werden.

3.3 Fachtheoretisches Ausbildungscurriculum

3.3.1 Curriculumeinheit 1: Arbeitgeber und Arbeitnehmer

Strukturziel: Der Lerninhalt dieser Curriculumeinheit verfolgt unter anderem das Ziel allgemeine Erwartungen und zentrale Rechte und Pflichten von Arbeitgeber und Arbeitnehmer im Rahmen der Lehrlingsausbildung darzustellen.

Kommentar: Es ist dem Lehrgangsteilnehmer (Lehrstellensuchenden) zu Beginn der Vermittlung dieses Themenbereiches einsichtig zu machen, dass Erwartungen wie auch Rechte und Pflichten des Arbeitgebers und des Arbeitnehmers den Bewerbungsprozess und den späteren Berufsvollzug beeinflussen und bestimmender Faktor für die Personalentscheidung sein können.

1. LZ: Der Lehrgangsteilnehmer kann allgemeine Erwartungen künftiger Arbeitgeber (des künftigen Lehrherrn) an Arbeitnehmer (den künftigen Lehrling) in hierfür charakteristischen Beispielen beschreiben, diskutieren sowie seine persönliche Meinung dazu äußern **(EX)**.
LI: Personenbezogene Erwartungen: Alter, Einstellungen zu Arbeitsvollzug, Arbeitskollegen und Identifikation mit dem Betrieb „corporate identity", Pünktlichkeit, äußeres Erscheinungsbild (dem Berufsstand und der Firmenphilosophie entsprechend), etc. fachbezogene Erwartungen: Fachwissen und berufsrelevante Fähigkeiten.
FdH: Trainergeleitetes Verarbeitungsgespräch und Diskussion, Einzelarbeit (eigene Meinung), Lehrsaal.

2. LZ: Der Lehrgangsteilnehmer kann allgemeine Erwartungen von Arbeitnehmern/ im Speziellen von Lehrlingen nennen und eigene Erwartungen aus dieser Sicht formulieren und verdeutlichen **(ER)**.
LI: Allgemeine Erwartungen des Arbeitnehmers/ Lehrlings an Betriebsklima, Firmenchef, Aufgabenbereich, Entlohnung; Möglichkeit, nach der Lehre in der Firma zu bleiben, Berufsschule, etc.
FdH: Trainergeleitetes Verarbeitungsgespräch und Diskussion, Einzelarbeit (eigene Erwartung), Lehrsaal.

3. LZ: Der Lehrgangsteilnehmer kann zentrale Rechte und Pflichten des Arbeitgebers und Arbeitnehmers aufzählen und beschreiben **(EX)**.
LI: Pflichten des Lehrberechtigten gegenüber dem Lehrling: Träger der Kosten und der Verantwortung für ordnungsgemäße Lehrlingsausbildung, Unterweisung durch geeignete Personen, etc. Pflichten des Lehrlings: Berufsschulbesuch, Wahren von Betriebsgeheimnissen, ordnungsgemäße Erfüllung der übertragenen Aufgaben, etc.
FdH: Medienunterstützter Lehrervortrag, themenverschiedene Partnerarbeit (Arbeitnehmer, Arbeitgeber), Einzelarbeit (Beschreibung), Lehrsaal.

3.3.2 Curriculumeinheit 2: Persönliche Stärken und Schwächen

Strukturziel: Der Lerninhalt dieser Curriculumeinheit verfolgt unter anderem das Ziel, dass sich der Lehrgangsteilnehmer durch Selbst- und Fremdevaluation (1) individueller, persönlicher Stärken und Schwächen aus dem Bereich der Fähigkeiten, Fertigkeiten und Kenntnisse wie auch (2) eigener Bedürfnisse bewusst wird.

Kommentar: Es ist dem Lehrgangsteilnehmer (Lehrstellensuchenden) zu Beginn der Vermittlung dieses Themenbereiches einsichtig zu machen, dass die Kenntnis persönlicher Stärken und Schwächen, wie auch das Wissen über eigene Bedürfnisse, ihm selbst evident sein müssen. Dieser Themenbereich ist besonders wichtig, um sich selbst einschätzen zu können und zu klären, welche Firma bzw Aufgabenbereiche zu den individuellen Persönlichkeitsmerkmalen passen. Das Wissen über Grundbedürfnisse ist wichtig, um den Stellenwert von Erwerbsarbeit für sich selbst und die Position derselben in einer selbst erstellten Prioritätenliste zu erkennen. Sogenannte Schlüsselqualifikationen werden in Vorstellungsgesprächen zunehmend thematisiert.

1. LZ: Der Lehrgangsteilnehmer kann durch Selbst- und Fremdeinschätzung seine Persönlichkeitsstruktur erfahren und beschreiben **(EX)**.

LI: Johari-Fenster, Persönlichkeitsprofil anhand von Rating Skalen (Fremd- und Selbsteinschätzung), Selbstanalyse: „Was für ein Mensch bin ich?" (inklusive persönlicher Stärken und Schwächen).
FdH: Lehrervortrag mit Einsatz von Medien (zB Overhead), Kleinstgruppen- und Einzelarbeit (Ratingskalen), trainergeleitetes Verarbeitungsgespräch, Diskussion.

2. LZ: Der Lehrgangsteilnehmer kann eigene individuelle Stärken und Schwächen aus den Bereichen Kenntnisse, Fertigkeiten und Fähigkeiten nennen und charakteristische Beispiele geben, inwieweit diese für die Ausübung seines Wunschberufs Bedeutung haben **(EX)**.
LI: Definition und Abgrenzung der Begriffe Kenntnisse, Fertigkeiten und Fähigkeiten, Bedeutung von persönlichen Stärken und Schwächen in Hinblick auf Eignung und Neigung im Berufswahlprozess, unter Bezugnahme auf Qualifizierungsanforderungsprofile als Thema beim Vorstellungsgespräch.
FdH: Themenverschiedene Kleingruppenarbeit (Definitionen), Einzelarbeit (individuelle Stärken), trainergeleitetes Gespräch (Berufswahlprozess, Vorstellungsgespräch Anforderungsprofile).

3. LZ: Der Lehrgangsteilnehmer kann die allgemeinen Grundbedürfnisse des Menschen in Zusammenhang mit Erwerbsarbeit nennen und sie mit eigenen Worten beschreiben sowie eine Prioritätenliste seiner eigenen Bedürfnisse erstellen und begründen **(ER)**.
LI: Allgemeine Grundbedürfnisse des Menschen: Bedürfnispyramide von Maslow, Arbeitsdefinition für den Begriff Prioritätenliste.
FdH: Medienunterstützter Lehrervortrag, Einzelarbeit (Prioritäten), Diskussion.

4. LZ: Der Lehrgangsteilnehmer kann den Begriff Schlüsselqualifikation erklären, verschiedene Schlüsselqualifikationen nennen, und sie mit eigenen Worten erklären sowie dazu seine eigene Meinung äußern, inwieweit Schlüsselqualifikationen nach Selbsteinschätzung bei ihm vorhanden sind **(ER)**.
LI: Definitionen: Führungsfähigkeit, Kooperationsfähigkeit, Kontaktfähigkeit, Flexibilität, Fähigkeit zur Teamarbeit, Befähigung zum Umgang mit Menschen, Kreativität, emotionale

Intelligenz, Ausdrucksfähigkeit sowie klassische (traditionelle) Arbeitstugenden (Ausdauer, Konzentration, Genauigkeit, Sauberkeit, Sorgfältigkeit, Umsichtigkeit, Schnelligkeit, Selbstständigkeit, Pünktlichkeit, Pflichtbewußtsein); Stellenwert von Schlüsselqualifikationen im Berufsvollzug.
FdH: Aufgabengleiche Gruppenarbeit, Einzelarbeit (eigene Meinung), trainergeleitetes Verarbeitungsgespräch.

3.3.3 Curriculumeinheit 3: Aktuelle Arbeitsmarktlage, Institutionen und Informationsquellen

Strukturziel: Der Lerninhalt dieser Curriculumeinheit verfolgt unter anderem das Ziel, (1) die Arbeitsmarktlage mit ihren aktuellen Entwicklungen, (2) Institutionen, die Lehrstellensuchenden Hilfe und Unterstützung bieten, wie auch (3) Informationsquellen für offene Stellenangebote darzustellen.

Kommentar: Es ist dem Lehrgangsteilnehmer (Lehrstellensuchenden) zu Beginn der Vermittlung dieses Themenbereiches einsichtig zu machen, dass aktuelle Entwicklungen am Arbeitsmarkt, wie beispielsweise das Entstehen neuer Lehrberufe, die Lehrstellensituation beeinflussen. Der Lehrgangsteilnehmer soll Institutionen kennenlernen, die ihm bei der Lehrstellensuche Hilfestellung bieten. Weiters soll er über die Form Bescheid wissen, in der dies geschieht. Ihm soll bewusst sein, dass sich diese Informationen ausschließlich auf den offenen Stellenmarkt beziehen.

1. LZ: Der Lehrgangsteilnehmer kann neue Lehrberufe aufzählen und persönlich favorisierte charakterisieren **(EX)**.
LI: Informationsgesellschaft; Gründe für die Entstehung neuer Lehrberufe, Berufs- und Qualifizierungsanforderungsprofile sowie Berufsbilder.
FdH: Medienunterstützter Lehrvortrag, themenverschiedene Kleingruppenarbeit (neue Lehrberufe), Einzelarbeit (Charakterisierung).

2. LZ: Der Lehrgangsteilnehmer kann die Bedeutung der aktuellen Arbeitsmarktlage für seine individuelle Situation erfassen und mittels Informationen über die aktuelle Arbeitsmarktlage über-

laufene Bereiche wie auch chancenreiche Berufe erkennen und in der Diskussion seinen Standpunkt für die Ergreifung eines bestimmten Berufs mit überzeugenden Argumenten vertreten **(EX)**.
LI: Bedarf und Chancen am Arbeitsmarkt, Problematik und Gründe (fehlende Ausbildungsberechtigung, „Ein-Mann-Betriebe", Bevorzugung von Maturanten oder Akademikern, Unkenntnis über neue Lehrberufe von Seiten der Ausbildungsbetriebe, etc.) für das geringe Vorhandensein von Lehrbetrieben, die Lehrlinge in neuen Lehrberufen ausbilden, im Gegensatz zu der hohen Bereitschaft potentieller Lehrlinge für das Erlernen neuer Lehrberufe.
FdH: AV-Input (Arbeitsmarkt), Diskussion.

3. LZ: Der Lehrgangsteilnehmer kann Institutionen, die Hilfe bei der Arbeitssuche und in arbeitsrechtlichen Belangen anbieten, nennen und ihre Aufgabenbereiche erklären **(EX)**.
LI: Institutionen: AMS, BIZ, BIBS der Wirtschaftskammer Burgenland, Lehrlingsstelle der Wirtschaftskammer, etc.; Aufgabenbereiche: Beratung, Zusendung offener Stellen, Möglichkeit der Benutzung von PCs zur Erstellung von Bewerbungsunterlagen, finanzielle Unterstützung, Bereitstellen von Informationen über Berufe, Ausbildungsmöglichkeiten, Anforderungsprofile, etc.
FdH: Medienunterstützter Lehrervortrag (Overhead), Einzelarbeit (Aufgabenbereiche).

4. LZ: Der Lehrgangsteilnehmer kann Informationsquellen für offene Stellen aufzählen und weiß, wie man auf diese Zugriff hat **(EX)**.
LI: Informationsquellen wie regionale und überregionale Zeitungen, Lehrstellenliste der Lehrlingsstelle der Wirtschaftskammer, Samsomat (PC) in BIZ oder AMS, Lehrstellenlisten des AMS, Internetadresse (zB http://www.ams.or.at; http://www.lehrling.at), Lehrer, Freunde, Verwandte, Bekannte. Definition der Begriffe offener und verdeckter Stellenmarkt.
FdH: Erarbeitung in Kleinst- oder Kleingruppenarbeit aufgrund unterstellten Vorwissens, trainergeleitetes Verarbeitungsgespräch.

3.3.4 Curriculumeinheit 4: Nonverbale und verbale Kommunikation und deren Bedeutung für Vorstellungsgespräche

Strukturziel: Der Lerninhalt dieser Curriculumeinheit verfolgt unter anderem das Ziel, dass der Lehrgangsteilnehmer die Bedeutung von nonverbalen und verbalen Signalen erkennt und sich bewusst wird, welche Signale er selbst aussendet und wie diese von seinem Umfeld interpretiert werden.

Kommentar: Es ist dem Lehrgangsteilnehmer (Lehrstellensuchenden) zu Beginn der Vermittlung dieses Themenbereiches einsichtig zu machen, dass Kommunikation und Wahrnehmung nach bestimmten Grundregeln ablaufen, deren Kenntnis es erleichtert zwischen Beobachtung und Bewertung zu unterscheiden. Der Lehrgangsteilnehmer soll lernen diese Kenntnisse für das Vorstellungsgespräch zu nutzen.

1. LZ: Der Lehrgangsteilnehmer kann das Grundmodell der Kommunikation erklären, Grundregeln und Grundlagen aufzählen, an selbstgewählten Beispielen verdeutlichen und näher beschreiben **(EX)**.
LI: Definition des Begriffs Kommunikation (zB nach Watzlawick), Sender-Empfänger-Modell nach Schulz von Thun, Regeln der Gesprächsführung nach Ruth Cohn, Störungen der Kommunikation.
FdH: Medienunterstützter Lehrervortrag (Definition, Regeln und Störungen), trainergeleitetes Verarbeitungsgespräch.

2. LZ: Der Lehrgangsteilnehmer kann den Stellenwert nonverbaler Kommunikation im Kommunikationsprozess erklären **(EX)**.
LI: Definition der Begriffe (a) Beobachtung und (b) Bewertung wie auch (c) Mimik, (d) Gestik, (e) Körperhaltung, (f) nonverbal und (g) verbal; Kleidung als nonverbaler Informationsträger, (Aus)Wirkung nonverbaler Kommunikation auf das Verhalten anderer Menschen.
FdH: Themenverschiedene Kleingruppenarbeit (Definitionen), medienunterstützter Vortrag (Theorie zu nonverbaler Kommunikation).

3. LZ: Der Lehrgangsteilnehmer kann die Bedeutung nonverbaler und verbaler Kommunikation für das Vorstellungsgespräch begründen und an überzeugenden, sich positiv oder negativ auswirkenden Beispielen darstellen, wie auch persönlich erfahrene Beispiele mündlich darlegen **(EX)**.
LI: Auswirkung von Blickkontakt, Körperhaltung im Sitzen, Händedruck, offene und verschränkte Haltung, etc.
FdH: Themengleiche Kleingruppenarbeit (Erarbeitung von Beispielen), trainergeleitete Diskussion.

4. LZ: Der Lehrgangsteilnehmer kann die Begriffe (a) Wahrnehmung, (b) Beobachtung und (c) Bewertung (Interpretation) charakterisieren und an selbstgewählten Beispielen anwenden **(ER)**.
LI: Trennung von Beobachtung und Bewertung bei Verhaltensweisen und Kleidung, Beobachtung und Bewertung als eigene Prozesse, Klischees, Vorurteile, Konsequenzen vorschneller Urteile.
FdH: Themenverschiedene Kleingruppenarbeit (Begriffe), Einzelarbeit (Beispiele), trainergeleitetes Verarbeitungsgespräch.

3.3.5 Curriculumeinheit 5: Tests und Personalfragebögen

Strukturziel: **Der Lerninhalt dieser Curriculumeinheit verfolgt unter anderem das Ziel dem Lehrgangsteilnehmer unterschiedliche Arten von Tests zu präsentieren und Aufbau und Inhalt von Personalfragebögen zu erklären.**

Kommentar: Es ist dem Lehrgangsteilnehmer (Lehrstellensuchenden) zu Beginn der Vermittlung dieses Themenbereiches einsichtig zu machen, dass (a) die Vorbereitung auf Tests von immenser Bedeutung ist, viele Bewerber an Nervosität und Angst scheitern und (b) Personalfragebögen bestimmten Kriterien vom Aufbau her folgen.

1. LZ: Der Lehrgangsteilnehmer kann Arten von Tests, welche zur Personaleinstellung herangezogen werden, aufzählen, in eigenen Worten charakterisieren und eigene Erfahrungen artikulieren **(EX)**.

LI: Intelligenztests, Persönlichkeitstests, Leistungstests, Konzentrationstests, Tests zur Überprüfung von Allgemein- und Fachwissen; Assessmentcenter als Auswahlverfahren.
FdH: Text-Input (Kurzbeschreibung von Tests inklusive Beispielen), Kleingruppenarbeit (Charakterisierung und Austausch von Erfahrungen).

2. **LZ:** Der Lehrgangsteilnehmer kann mögliche Kriterien aufzählen, nach denen Mitarbeiter ausgewählt werden **(ER)**.
LI: Kriterien: Alter, Ausbildungsabschluss, berufliche Erfahrung, Familienplanung, fachliche Kompetenz, soziale Kompetenz, etc.
FdH: Medienunterstützter Lehrervortrag, Einzelarbeit und Diskussion.

3. **LZ:** Der Lehrgangsteilnehmer kann anhand ausgewählter Personalfragebögen Gemeinsamkeiten in Aufbau und in den erfragten Daten erkennen und aufzählen **(ER)**.
LI: Analyse von Personalfragebögen nach Inhalt und Aufbau
FdH: Aufgabengleiche Kleingruppenarbeit (Aufbau, Inhalt), Diskussion.

4. **LZ:** Der Lehrgangsteilnehmer kann über seine eigenen Erfahrungen bezüglich Angst und Nervosität bei Tests berichten und Strategien dagegen aufzählen und erklären **(ER)**.
LI: Angst und Nervosität, körperliche und psychische Symptome, Stress, Copingstrategien (problem- und emotionsorientierte), Sinn und Wirkung von Entspannung.
FdH: Themengleiche Kleinstgruppenarbeit (Angst, Nervosität, Erfahrungsaustausch), trainergeleitetes Verarbeitungsgespräch (Coping, Entspannung).

3.3.6 Curriculumeinheit 6: Werbung und Bewerbung

Strukturziel: Der Lerninhalt dieser Curriculumeinheit verfolgt unter anderem das Ziel, (1) die Bewerbung des Lehrgangsteilnehmers unter dem Aspekt „Werbung für sich selbst" zu betrachten und (2) Werbemittel aus der Werbebranche zu analysieren, um diese auf die eigene persönliche schriftliche und mündliche Be-

	werbung zu transferieren unter Wahrung der individuellen Authentizität.
Kommentar:	Es ist dem Lehrgangsteilnehmer (Lehrstellensuchenden) zu Beginn der Vermittlung dieses Themenbereiches einsichtig zu machen, dass er im Bewerbungsprozess immer sich selbst als Person präsentiert mit dem Ziel vom Arbeitgeber „gekauft", dh angestellt zu werden.
1. LZ:	Der Lehrgangsteilnehmer kann unterschiedliche Arten von Werbung aufzählen und beschreiben sowie Werbemittel nennen und den Zusammenhang zwischen Werbung und Bewerbung herstellen (ER). **LI:** Werbung in Printmedien, Fernsehen, Radio, Internet, auf Plakaten usw und Werbemittel wie beispielsweise Farben, Sprache (Verwendung des Superlatives), Schlüsselreize, Musik, Werberegel AIDA: Attention, Interest, Desire, Action; Bewerbung als Werbung für sich selbst. **FdH:** AV-Input (Arten der Werbung, Werbemittel, Werberegel), trainergeleitetes Verarbeitungsgespräch (Zusammenhang).
2. LZ:	Der Lehrgangsteilnehmer kann verschiedene Bewerbungsarten aufzählen und näher beschreiben (**EX**). **LI:** Vorstellungsgespräch, telefonische und schriftliche Bewerbung (Initiativbewerbung, ausschreibungsbezogene Bewerbung, Internetbewerbung) **FdH:** Text-Input (Bewerbungsarten), Einzelarbeit, Diskussion.

3.3.7 Curriculumeinheit 7: Schriftliche Bewerbung

Strukturziel:	Der Lerninhalt dieser Curriculumeinheit verfolgt unter anderem das Ziel schriftliche Bewerbung hinsichtlich formaler und inhaltlicher Kriterien darzustellen.
Kommentar:	Es ist dem Lehrgangsteilnehmer (Lehrstellensuchenden) zu Beginn der Vermittlung dieses Themenbereiches einsichtig zu machen, dass die schriftlichen Bewerbungsformen (a) Initiativbewerbung, (b) ausschreibungsbezogene Bewerbung und (c) Internetbewerbung in Form und Inhalt bestimmte gemeinsame Kriterien

aufweisen, deren Einhaltung bzw Vernachlässigung Einflussfaktoren für den nächsten Schritt, dh das Vorstellungsgespräch sind. Die schriftliche Bewerbung ist sozusagen die persönliche Visitenkarte, aus der Rückschlüsse auf die Person und deren Qualitäten gezogen werden.

1. LZ: Der Lehrgangsteilnehmer kann schriftliche Bewerbungsunterlagen hinsichtlich Inhalt, Aufbau und Form beschreiben und weiß über inhaltliche und formale Gestaltungsmöglichkeiten und deren Relevanz Bescheid **(EX)**.
LI: Deckblatt, Bewerbungsschreiben, Lebenslauf, Zeugniskopie, Referenzen, inhaltliche und formale Qualitäten (Sprachrichtigkeit, Ausdruck, Rechtschreibung, Formatierung, DIN A4 Format, etc.), Verpackung der schriftlichen Bewerbungsunterlagen: Gestaltungsmöglichkeiten unter Wahrung von Grenzen und Einbeziehung von Kreativität und Originalität.
FdH: Input mittels Realobjekten (positiv und negativ zu bewertende Beispiele von Bewerbungsunterlagen), Diskussion.

2. LZ: Der Lehrgangsteilnehmer kann unterschiedliche Formen von Lebensläufen im Überblick nennen und weiß, über welche Informationen ein Lebenslauf Bescheid geben soll und welche nicht verpflichtend zu nennen sind **(EX)**.
LI: Unterschiedliche Formen: Tabellarischer, ausführlicher, prosaischer und graphischer Lebenslauf, Inhalt, häufige Fehler und deren Vermeidung.
FdH: Medienunterstützter Lehrervortrag (unterschiedliche Formen), Diskussion.

3. LZ: Der Lehrgangsteilnehmer kann Gestaltungskriterien für das Deckblatt wie auch für die gesamten Bewerbungsunterlagen aufzählen **(ER)**.
LI: Werberegel AIDA, Übersichtlichkeit, Schriftgröße, dynamische, ansprechende und nicht ansprechende Gestaltungselemente.
FdH: AV-Input, Einzelarbeit.

4. LZ: Der Lehrgangsteilnehmer kann den Begriff der speziellen schriftlichen Bewerbungsform Initiativbewerbung in eigenen Worten erklären und Vor- und Nachteile aufzählen **(ER)**.

LI: Definition des Begriffs Initiativbewerbung (Blinde Bewerbung), Vor- und Nachteile, Inhalt und Form.
FdH: Text-Input (Chancen von Initiativbewerbungen), trainergeleitetes Verarbeitungsgespräch, Einzelarbeit (eigene Definition, Vor- und Nachteile)

5. LZ: Der Lehrgangsteilnehmer kann den Begriff der speziellen schriftlichen Bewerbungsform e-m@il-Bewerbung in eigenen Worten erklären und Besonderheiten wie auch Vor- und Nachteile aufzählen (ER).
LI: Besonderheiten: kurze, prägnante Sprache, keine Verwendung von Umlauten (können unter Umständen vom e-m@il-Programm des Empfängers nicht gelesen werden), keine Emoticons verwenden; Vorteil vor allem bei Bewerbungen im IT-Bereich; Benachteiligung jener Bewerber ohne Internetzugang.
FdH: Text-Input (e-m@il-Bewerbung), Diskussion, Einzelarbeit (eigene Definition, Vor- und Nachteile)

6. LZ: Der Lehrgangsteilnehmer kann bewerbungsartspezifische Fehler beim schriftlichen Bewerben aufzählen und näher beschreiben (EX).
LI: bewerbungsartspezifische Fehler: (a) äußere Form der Bewerbungsunterlagen (zB Bewerbungsunterlagen auf DIN A4 erstellt, gefaltet und in DIN A5 Kuvert abgeschickt, unsaubere Kuvertbeschriftung), (b) Fehlen der Angabe der Telephonnummer; (c) Bewerbung ist weder auf die ausgeschriebene Stelle noch auf die Firma zugeschnitten, dh allgemein gefasster Serienbrief, (d) Einfügen von Clip-Arts und Emoticons, (e) Nichterwähnen der Eignung und des Interesses für bzw an der ausgeschriebenen Stelle, (f) langes und unübersichtliches Bewerbungsschreiben und (g) Nichterläutern des Berufswunsches.
FdH: Input mit Overheadfolien (exemplarische Fehler), Diskussion.

3.3.8 Curriculumeinheit 8: Professionelles Telefonieren mit Firmen

Strukturziel: Der Lerninhalt dieser Curriculumeinheit verfolgt unter anderem das Ziel professionelles Telefonieren (in beruflicher Hinsicht) von privatem Telefonieren unterscheiden zu können sowie Strategien und Wege für professionelles Telefonieren aufzuzeigen.

Kommentar: Es ist dem Lehrgangsteilnehmer (Lehrstellensuchenden) zu Beginn der Vermittlung dieses Themenbereiches einsichtig zu machen, dass professionelles Telefonieren mit privatem Telefonieren nicht gleichzusetzen ist, da (1) eingehende Vorbereitung zu treffen ist bezüglich des zu erreichenden Ziels und (2) Regeln wie Höflichkeit, angepasste Lautstärke, klare präzise Sprache, etc. einzuhalten sind.

1. LZ: Der Lehrgangsteilnehmer kann (a) Vorbereitungen für ein professionelles Telefongespräch wie auch (b) die Wichtigkeit derartiger Maßnahmen nennen und begründen **(ER)**.
LI: Vorbereitung: Ziel des Anrufs definieren: Was will ich erreichen? Notizblock und Stift parat halten, ruhigen Ort zum Telefonieren wählen, wichtige Informationen und Fragen parat haben, Raster anlegen mit Kriterien wie Firmenname, Kontaktperson, Datum, Vorstellungstermin, schriftliche Bewerbung abgeschickt, Anruf, Absage/ Zusage notieren; Tipps für erfolgreiches Telefonieren, Gründe für die Wichtigkeit der Vorbereitung.
FdH: Medienunterstützter Lehrervortrag, aufgabengleiche Kleinstgruppenarbeit (Gründe).

2. LZ: Der Lehrgangsteilnehmer kann die Phasen des Telefongesprächs in richtiger Reihenfolge aufzählen und näher beschreiben **(EX)**.
LI: Phasen des Telefongesprächs: Begrüßung, Familiennamen nennen; klären, ob man mit der für Personalangelegenheiten zuständigen Person verbunden ist, Anliegen nennen und erläutern; Termin vereinbaren, Verabschiedung.
FdH: Textinput (Phasen des Telefongesprächs), trainergeleitetes Verarbeitungsgespräch

3. LZ: Der Lehrgangsteilnehmer kann den Stellenwert klarer, deutlicher Aussprache und Formulierungen anhand überzeugender Beispiele darstellen und weiß Bescheid über häufige Fehler beim Telefonieren **(ER)**.
LI: positive und negative Formulierungen, Stimmausdruck (freundlich, etc.), angepasste Lautstärke, deutliche Aussprache, Sprechtempo.
FdH: AV-Input, Kleingruppenarbeit (Beispiele erarbeiten), Einzelarbeit (Beispiele präsentieren).

4. LZ: Der Lehrgangsteilnehmer kann bewerbungsartspezifische Fehler beim professionellen Telefonieren aufzählen und näher beschreiben **(EX)**.
LI: bewerbungsartspezifische Fehler: (a) schnelles Sprechen, (b) undeutliches Artikulieren, (c) sich selbst mit Namen nicht vorstellen, (d) kein Bezugnehmen auf Informationsquelle bezüglich offener Lehrstelle, etc.
FdH: Tonband-Input (Beispiel eines negativen Telefongesprächs), Diskussion.

3.3.9 Curriculumeinheit 9: Das Vorstellungsgespräch

Strukturziel: Der Lerninhalt dieser Curriculumeinheit verfolgt unter anderem das Ziel, (a) die Komponenten eines effizienten Vorstellungsgesprächs zu vermitteln und (b) die Begründung für die Notwendigkeit einer gewissenhaften Vorbereitung darzustellen.

Kommentar: Es ist dem Lehrgangsteilnehmer (Lehrstellensuchenden) zu Beginn der Vermittlung dieses Themenbereiches einsichtig zu machen, dass sich (1) gewissenhafte, gründliche Vorbereitung während des Vorstellungsgesprächs bemerkbar macht, (2) pünktliches Erscheinen, (3) situationsangepasstes Auftreten und (4) deutliche wie auch höfliche Artikulation entscheidend auf Verlauf und Resultat des Vorstellungsgesprächs auswirken.

1. LZ: Der Lehrgangsteilnehmer kann die Notwendigkeit gründlicher Vorbereitung auf das Vorstellungsgespräch überzeugend begründen und Tätigkeiten nennen, die zur Vorbereitung zu zählen sind **(EX)**.

LI: Vorbereitung: öffentliche Verkehrsmittel (Abfahrts- und Ankunftszeit) in Erfahrung bringen; Maßnahmen, um pünktliches Erscheinen in der Firma zu gewährleisten, Bewerbungsunterlagen aktualisieren, Informationen über die Firma einholen.
FdH: Kleinstgruppenarbeit (Vorbereitung), trainergeleitetes Verarbeitungsgespräch.

2. LZ: Der Lehrgangsteilnehmer kann relevante Fragen, die ihm beim Vorstellungsgespräch vom Arbeitgeber gestellt werden, ausführlich und überzeugend beantworten und für ihn selbst wichtige Fragen an den Arbeitgeber formulieren **(EX)**.
LI: Fragen des Arbeitgebers und Arbeitnehmers beim Vorstellungsgespräch, Hintergründe von Fragen.
FdH: Medienunterstützter Lehrervortrag (Overhead), themenverschiedene Kleingruppenarbeit (Fragen sammeln).

3. LZ: Der Lehrgangsteilnehmer kann die wichtigsten Aspekte eines positiven Erscheinungsbildes und dessen Auswirkung auf den Gesprächspartner nennen und seine eigene Meinung dazu äußern **(EX)**.
LI: wertbezogene Verhaltensweisen, gutes Benehmen, situationsangepasstes Auftreten, Kleidung entsprechend der Firmenphilosophie, Form der Bewerbungsunterlagen.
FdH: AV-Input (Verhaltensweisen, Auftreten, Kleidung), Kleinstgruppenarbeit (Fehler).

4. LZ: Der Lehrgangsteilnehmer kann Gründe für den positiven oder negativen Verlauf eines Vorstellungsgesprächs inklusive Angabe von bewerbungsartspezifischen Fehlern nennen **(EX)**.
LI: Miteinbeziehen der Eltern bei Vorstellungsgesprächen und Anrufen ohne ausdrücklichen Wunsch des Arbeitgebers, Stress und Zeitmangel von Seiten des Arbeitgebers, Nervosität und mangelnde Vorbereitung des Arbeitnehmers, etc.
FdH: AV - Input (Gründe), Diskussion.

5. LZ: Der Lehrgangsteilnehmer kann wichtige Phasen eines Vorstellungsgesprächs erklären **(ER)**.
LI: Sinnhaftigkeit von Vorstellungsgesprächen für Bewerber und Arbeitgeber, Struktur nach Gesprächsphasen: Warming Up-Phase (Begrüßung, Gesprächseröffnung, Vertrauen schaffen), Selbstvorstellung, Fragen des Arbeitgebers und

des Bewerbers, Gesprächsabschluss (inklusive Vereinbarung der weiteren Vorgehensweise).
FdH: Medienunterstützter Lehrervortrag (Gesprächsphasen) oder Textinput, Einzelarbeit (Erklärung).

3.4 Fachpraktisches Ausbildungscurriculum

3.4.1 Curriculumeinheit 1: Nonverbale und verbale Kommunikation sowie Präsentation

Strukturziel: Der Lehrgangsteilnehmer vermag die Beherrschung seiner nonverbalen und verbalen Sprache überzeugend nachzuweisen.

Kommentar: Die nonverbalen und verbalen Signale, die der Lehrgangsteilnehmer aussendet, haben immense Bedeutung für sein Leben. Die Art und Weise, wie er auf andere wirkt und in der Folge, wie sich andere ihm gegenüber verhalten und ihn betreffende Entscheidungen fällen, stehen in Zusammenhang mit dem Kommunikationsstil des Lehrgangsteilnehmers. Daher ist es von Seiten des Trainers von besonderer Bedeutung, dem Lehrgangsteilnehmer Übungen, die die Wahrnehmung betreffen, besonders sorgfältig zu vermitteln und ihm Aha-Erlebnisse zu ermöglichen. Das Aufzeigen und Erkennen unbewußten Verhaltens mittels Videoaufnahmen ist Basis für mögliche Verhaltensänderungen. Durch gezielte Videoaufnahmen und deren Analyse wird der Lehrgangsteilnehmer auf sogenannte blinde Flecken der Wahrnehmung (unbewusste, individuelle Merkmale der Persönlichkeit: zB Zucken mit den Augenbrauen, Wippen mit den Beinen) aufmerksam gemacht, Maßnahmen zur Änderung werden besprochen und geübt.

1. LZ: Der Lehrgangsteilnehmer kann Emotionen (zB Angst) oder Grundeinstellungen (zB Offenheit) durch Mimik, Körperhaltung und Gestik selbstständig deutlich darstellen und umgekehrt Mimik, Gestik und Körperhaltung an anderen beobachten und mündlich beschreiben wie auch Emotionen aufgrund des Beobachteten interpretieren.

LI: Der Lehrgangsteilnehmer zieht ein Kärtchen, auf dem eine Emotion oder eine Grundeinstellung geschrieben steht, und stellt diese durch Mimik, Körperhaltung und Gestik dar.
Hauptfehler: Den Lehrgangsteilnehmern fällt die Trennung von Beobachtung und Interpretation schwer, wodurch bereits beim Verbalisieren des Beobachtungsauftrags nicht beschrieben, sondern interpretiert wird.
Intervention: Der Lehrgangsteilnehmer soll die fünf Sinne als Grundlage für die Beobachtung nennen und danach vergleichen, ob das von ihm Genannte mit den fünf Sinnen erfassbar ist oder bereits eine Bewertung (Interpretation) des Wahrgenommenen ist.

2. LZ: Der Lehrgangsteilnehmer kann auf einem Sessel eine aktive Sitzhaltung einnehmen, sodass er bequem sitzt, locker atmen kann und die Hände frei zum Gestikulieren hat, wobei die Füße am Boden stehen, die Wirbelsäule gerade ist und Blickkontakt durch diese aktive Haltung möglich ist.
LI: Übung. Der Lehrgangsteilnehmer kann seine Füße so auf den Boden stellen, dass Zehen, Ballen und Fersen Bodenkontakt haben und die Füße genau unter den Knien stehen. Das Gesäß rutscht nach vor Richtung vordere Sesselkante. Die Sitzhöckerchen drücken genau nach unten, wenn die richtige Beckenstellung eingenommen ist, und haben Kontakt mit der Sitzfläche. Sitzhöckerchen sind bestimmte Knochenanteile vom Becken und ertastbar, wenn man sich auf die Handflächen setzt und das Becken vor und zurück rollt, dh der Druck der Sitzhöckerchen wandert ebenfalls nach vor und zurück. Wenn Sitzhöckerchen genau nach unten drücken, dann ist die richtige Sitzhaltung eingenommen (vgl. 44, S. 47). Der Brustkorb steht über dem Becken. Der Kopf über dem Brustkorb. Die Bauchatmung soll eingehalten werden.
Hauptfehler: Passive Haltung durch verschränkte Arme und Beine, Hohlkreuz, hängende Schultern.
Intervention: Den Lehrgangsteilnehmer darauf aufmerksam machen. Führt dies nicht zur erwünschten Veränderung, dann erfolgt eine Konfrontation des Lehrgangsteilnehmers mittels Video. Nach Ansicht desselben soll der Lehrgangsteilnehmer erklären, welche Wirkung, welchen Eindruck sein Sitzverhalten bei einem Vorstellungsgespräch hinterlassen kann sowie auch benennen und vorzeigen, wie er seine Fehlhaltung korrigieren kann.

3. LZ: Der Lehrgangsteilnehmer kann Blickkontakt mit seinem Gegenüber so aufnehmen, dass er Interesse signalisiert und nicht aufdringlich wirkt.
LI: Der Lehrgangsteilnehmer kann mit einem Partner folgende Blickkontaktübungen durchführen, deren Bedeutung und Aufforderung zum Sprechen anschließend interpretieren sowie im Plenum Gefühle äußern und besprechen.
Übung 1: Der Lehrgangsteilnehmer kann seinen Partner ansehen und schweigen. Bedeutung: „Sie sind dran!" als Aufforderung zum Sprechen.
Übung 2: Der Lehrgangsteilnehmer sieht entspannt nach schräg oben. Bedeutung: „Ich denke nach" als Aufforderung zur Gesprächspause.
Übung 3: Der Lehrgangsteilnehmer hat den Kopf nach unten gesenkt und blickt nach unten. Bedeutung: „Das ist mir unangenehm" als Aufforderung zum Sprechen.
Übung 4: Der Lehrgangsteilnehmer blickt nach schräg unten und führt die Hand hinter das Ohr. Bedeutung: „Ich denke nach, überlege eingehend" als Aufforderung zur Gesprächspause.
Übung 5: Der Lehrgangsteilnehmer richtet seinen Blick in die Ferne. Bedeutung: „Lass uns schweigen" als Aufforderung zur Gesprächspause (vgl. 50, S. 95).
Hauptfehler: Zu wenig oder zu intensiver, starrer Blickkontakt; der Lehrgangsteilnehmer schaut lieber zu Boden oder auf fixen Punkt statt dem Gesprächspartner in die Augen.
Intervention: Der Lehrgangsteilnehmer wird zunächst nur auf den unkorrekten Blickkontakt aufmerksam gemacht. Stellt sich keine Veränderung ein, wird er ersucht, während des Gesprächs häufiger Blickkontakt zu halten und mitzuzählen.

4. LZ: Der Lehrgangsteilnehmer vermag Selbst- und Fremdfeedback nach vorgegebenen Richtlinien überzeugend zu geben und selbst Fremdfeedback anzunehmen.
LI: (1) Voraussetzung. Der Lehrgangsteilnehmer weiß über die Grundregeln des Feedbacks Bescheid und kann diese in der folgenden Reihenfolge wiedergeben sowie auch detailliert erklären: (a) Fragen, ob Feedback erwünscht ist, (b) Ich-Botschaften senden, (c) Erklären, was gefallen hat und äußern, welche Entwicklungschancen vorhanden sind - Anregungen geben, (d) Fremdfeedback bekommen heißt: (aa) ruhig hinhören, (bb) erst am Ende kommentieren und (cc) sich nicht rechtfertigen, sondern annehmen können, (e) Killerphrasen

wie „Das hast du eh nicht schlecht gemacht!" und Killerwörter wie „eigentlich", „aber", „man", etc. vermeiden und (f) kurz und prägnant fassen.
(2) Übung. (a) Der Lehrgangsteilnehmer gibt sich selbst Feedback für einen erfüllten Arbeitsauftrag unter Berücksichtigung der Grundregeln des Feedbacks und vorgegebener Kriterien. (b) Der Lehrgangsteilnehmer gibt einem Kollegen Feedback für die Erfüllung eines Arbeitsauftrags, wobei er vorher schriftlich seine Gedanken notiert und die vorgegebenen Kriterien berücksichtigt hat. Anschließend erteilt er sein mündliches Feedback und bekommt diesbezüglich vom Trainer Rückmeldung. Bei Bedarf Umformulierung und nochmals Erteilen des Feedbacks. Anschließend erhält der Lehrgangsteilnehmer Feedback über einen von ihm erfüllten Arbeitsauftrag und ist gefordert das Feedback nach den besprochenen Kriterien anzunehmen.
Hauptfehler: Beim Erteilen des Feedbacks wird das unpersönliche „man" benutzt. Beim Erhalten des Fremdfeedbacks wird dieses als Kritik aufgefasst und es folgt eine Rechtfertigung.
Intervention: Aufmerksam machen und darauf hinweisen, dass Fremdfeedback eine wichtige Entwicklungschance für jeden persönlich darstellt.

5. LZ: Der Lehrgangsteilnehmer kann Stimmausdruck, Aussprache und Lautstärke den Erfordernissen der Situation entsprechend anpassen.
LI: (1) Voraussetzung. Der Lehrgangsteilnehmer kann Bauch- und Brustatmung erklären und korrekt ausführen. Durch sprechtechnische Übungen erlebt der Lehrgangsteilnehmer stimmliche Einsatzmöglichkeiten wie Lautstärke (laut/leise), Tempo (schnell/langsam), Tonhöhe (hoch/tief), sinnerfassendes Lesen und Ausdrücken. Er kann Stimmungen (zB Überraschung, Ärger, Freude) durch die genannten stimmlichen Möglichkeiten ausdrücken.
(2) Übung. Der Lehrgangsteilnehmer erhält nachfolgenden Text, den er sinnbetont und engagiert vortragen soll. (a) Er liest den Text leise mit dem Ziel den Sinn zu erfassen. (b) Anhand eines Textes zeigt der Trainer die Übung im Stehen vor, und zwar unter Einsatz aller von ihm einwandfrei beherrschten Ausdrucksmittel der Stimme. Der Lehrgangsteilnehmer hört mit geschlossenen Augen zu um die gesamte Konzentration auf die Stimme zu lenken. (c) Er trägt nun seinen Text

vor der Gruppe stehend vor, wobei er sein Augenmerk ebenfalls auf Ausdrucksmittel der Stimme legt. Der Einsatz entsprechender Körpersprache ist hierbei noch nicht so wichtig. Der Lehrgangsteilnehmer soll die Vielfalt des stimmlichen Ausdrucks erleben. Zur Evaluation dieses Lernprozesses ist die Übung mehrmals gemäß der Lernfähigkeit des Lehrgangsteilnehmers zu wiederholen.
Übungstext: „Ich bin total begeistert. Nie hätte ich erwartet, diese Aufgabe bewältigen zu können. Was habe ich für Angst vor dieser Situation gehabt. Und nun habe ich es geschafft - ganz alleine geschafft! Ich bin total happy, ich könnte die ganze Welt umarmen. Dieses Glücksgefühl - einfach wunderbar!" (13, S. 89)
Hauptfehler: Zu schnelles, zu leises und zu monotones Sprechen.
Intervention: Zuerst Selbstfeedback versuchen lassen. Mittels Tonbandaufzeichnung bewusst erleben lassen, indem die Aufmerksamkeit auf zu entwickelnde Kriterien gelenkt wird.

6. LZ: Der Lehrgangsteilnehmer kann in einem Fünf-Minuten Referat unter Einbeziehung der Präsentationsregeln und des Aspektes der Einmaligkeit seiner Person inklusive seiner Interessen und Fähigkeiten sich selbst vorstellen, sodass beim Zuhörer Interesse an ihm als Bewerber geweckt ist und er weitere Fragen zu seiner Person bei den zuhörenden Kollegen auslöst.
LI: (1) Voraussetzung. Der Lehrgangsteilnehmer kann seine persönlichen Stärken, Schwächen, Interessen, Hobbys, etc. benennen und seine Körpersprache und stimmlichen Ausdrucksmöglichkeiten authentisch einsetzen.
(2) Übung. Nach einer zeitlich limitierten Vorbereitungsphase hat der Lehrgangsteilnehmer in dem vorgegebenen Zeitrahmen nach besprochenen Kriterien (Begrüßung, Namen nennen, Überblick geben, einzelne Punkte ausführen und Zusammenfassung, wie auch das Einhalten der Werbeformel AIDA) und unter Zuhilfenahme eines Stichwortzettels sowie in weiterer Folge in freier Rede jene Standpunkte darzulegen, die seiner Meinung nach die Kennzeichen seiner Persönlichkeit ausmachen. Nach dem Referat soll er Fragen in angemessenem Ausmaß und mit sichtlich erkennbarem Engagement beantworten.

Hauptfehler: Inhaltlich: Zu oberflächliches Eingehen auf individuumsspezifische Ausprägungen; Festklammern und Breittreten von Informationen, die bereits die schriftlichen Bewerbungsunterlagen enthalten sind, ohne näheres Eingehen auf Begründungen (zB warum er/ sie bestimmte Schulform gewählt hat, gerne liest, bestimmtes Hobby ausübt), Gemeinsamkeiten mit anderen Bewerbern werden unbewusst hervorgehoben (zB Pflichtschulbesuch) anstelle der Einmaligkeit.
Intervention: Aufmerksam machen und durch Rückfragen sowie Einmaligkeit hervorheben. Den Lehrgangsteilnehmer die Anzahl der genannten individuumsspezifischen Einmaligkeiten notieren lassen bzw ihm Videoaufnahme vorspielen und das Hauptaugenmerk auf die Individualität des Lehrgangsteilnehmers lenken und diese besprechen.

3.4.2 Curriculumeinheit 2: Atem- und Entspannungsübungen

Strukturziel: Der Lehrgangsteilnehmer vermag die Beherrschung einfacher Atem- und Entspannungsübungen überzeugend nachzuweisen.

Kommentar: Atmung und Entspannung sind zwei Faktoren, die (1) Leistung, (2) Bewertung durch andere, (3) das persönliche Auftreten und somit (4) den mündlichen Bewerbungsprozess wesentlich beeinflussen. Nervosität und Stress können durch Atmungs- und Entspannungsübungen bei entsprechendem, gezieltem, länger dauerndem Training minimiert werden. Gleichzeitig üben sie positiven Einfluss auf sein Selbstwertgefühl sowie auf das beim Arbeitgeber hinterlassene Fremdbild aus.

1. LZ: Der Lehrgangsteilnehmer kann leicht anwendbare Atemübungen selbstständig ausführen.
LI: Übung. Der Lehrgangsteilnehmer kann folgende Atemübung im Stehen ausführen: Die Beine sind hüftbreit, das Gewicht ist auf beiden Füßen gleich verteilt und die Zehen sind gerade nach vorne gerichtet. Die Knie sind leicht gebeugt; Becken, Brustkorb und Kopf sind übereinander positioniert. Während der gesamten Übung ist darauf zu achten, dass die Knie nicht durchgestreckt sind. Nun legt der Lehrgangsteilnehmer die Hände mit den Handflächen nach unten, und zwar leicht nach innen zeigend (Finger zeigen in Richtung

Steißbein) an die Nieren bzw eine Hand ans Zwerchfell und die andere an die Niere und spricht abwechselnd „S" oder „Sch" zehnmal hintereinander aus. Die Bauchatmung wird so für den Lehrgangsteilnehmer spürbar. Anschließend soll er zehnmal tief in den Bauch ein- und ausatmen.
Hauptfehler: Durchgestreckte Knie und Brustatmung.
Intervention: Brustatmung im Liegen erleben lassen durch tiefes, bewusstes Einatmen. Unterschied bei Atmung mit bzw ohne durchgestreckte Knie bzw Brust- und Bauchatmung bewusst durchführen und erleben lassen. Vom Lehrgangsteilnehmer den wahrgenommenen Unterschied anschließend erklären lassen.

2. LZ: Der Lehrgangsteilnehmer kann in Situationen von Angst, Stress, Nervosität selbstständig einfache, kurze und effektive Entspannungsübungen anwenden.
LI: (1) Voraussetzung. Der Lehrgangsteilnehmer kann Entspannung von Anspannung, die er bereits bei Atemübungen erlebt hat, unterscheiden und den Sinn von Entspannungsübungen erklären.
(2) Übung. Der Lehrgangsteilnehmer kann im Stehen oder Liegen mit beiden Händen, jeweils mit Zeige- und Mittelfinger, die Stirnbeinhöcker ertasten. Diese beiden Punkte liegen ungefähr in der Mitte der senkrechten Linie zwischen Augenbrauen und Haaransatz (ca. zwei bis drei Fingerbreit über den Augenbrauen) und fühlen sich wie eine kleine Erhebung an. Durch Halten dieser Reflexpunkte wird die Stresssituation aufgelöst, Entspannung tritt ein. Der Lehrgangsteilnehmer hält diese Punkte und atmet gleichzeitig mittels Bauchatmung, bis sich für ihn ein Entspannungsgefühl eingestellt hat. Mit dem Ausatmen lässt er die Punkte los.
Hauptfehler: Ungenaues Positionieren der Finger, zu kurzes Halten der Reflexpunkte.
Intervention: Mindestens drei Minuten und mit beiden Handflächen die Stirn halten.

3.4.3 Curriculumeinheit 3: Schriftliche Bewerbung

Strukturziel: Der Lehrgangsteilnehmer vermag die selbstständige Beherrschung des Erstellens seiner Bewerbungsunterlagen (1) nach Einhaltung von Normen,

Kommentar: (2) unter Wahrung der individuellen Ausrichtung je nach arbeitsplatzbezogenem Anforderungsprofil sowie (3) in einer entsprechenden inhaltlichen und äußeren Form, die seine Persönlichkeitsmerkmale am authentischsten widerspiegelt, überzeugend nachzuweisen.
Die individuelle inhaltliche und formale Gestaltung schriftlicher Bewerbungsunterlagen ist aufgrund der hohen Bewerberanzahl von immenser Bedeutung. (1) Die individuelle Eignung für die angestrebte Position, (2) die Motivation für die auszuübende berufliche Tätigkeit und (3) die Angabe der Berufswünsche sind als wesentliche Informationseckpfeiler der schriftlichen Bewerbung zu betrachten. Sie sind vom Lehrgangsteilnehmer unbedingt zu reflektieren, damit er sie dann schriftlich artikulieren kann, wobei er in der Lage sein muss, alle drei Punkte entsprechend begründen zu können. Dem Lehrgangsteilnehmer muss durch den Trainer bewusst gemacht werden, dass Massenbewerbungen (Bewerbungen, die allgemein gehalten und nicht auf die jeweilige Firma und damit den arbeitsplatzbezogenen Anforderungen nicht entsprechen) sinnlos sind. Die schriftliche Bewerbung soll in jedem Fall (1) kurz und (2) in den sprachlichen Formulierungen prägnant sein, (3) die Stärken des Lehrgangsteilnehmers aufzeigen und (4) optisch und inhaltlich so ansprechend sein, dass sie den Leser zum Handeln aktiviert.

1. LZ: Der Lehrgangsteilnehmer vermag selbstständig ein Deckblatt für seine Bewerbungsunterlagen zu erstellen, indem er bestimmte Normen und Anforderungen berücksichtigt.
LI: Der Lehrgangsteilnehmer öffnet beispielsweise ein neues Dokument des Textverarbeitungsprogrammes Windows 2000. Er tippt Namen, Adresse, Telefonnummer (Festnetz, Handy) und em@il-Adresse ein, formatiert diese Daten entsprechend den Kriterien (a) Übersichtlichkeit, (b) Lesbarkeit, (c) Dynamik, etc. Der Lehrgangsteilnehmer gestaltet ein Deckblatt für die Bewerbungsunterlagen mit dem Titel „Bewerbungsmappe", weiters scannt er auf dieses Deckblatt ein Passphoto ein.

Hauptfehler: Telefonnummer vergessen, Qualität, Alter und Zustand des Passphotos sind nicht geeignet, Jugendliche neigen dazu aufwendige Schriftarten (geschwungen, mit Schattierungen, etc.) aus dem Programm Word Art, die schwer zu lesen sind, zu verwenden.
Intervention: Den Lehrgangsteilnehmer eine Checkliste erstellen lassen, die Kriterien für schriftliche Bewerbungsunterlagen enthält. Musterbeispielhafte Bewerbungsunterlagen von ihm nach dieser Checkliste beurteilen und danach mit seinen eigenen Bewerbungsunterlagen vergleichen lassen.

2. LZ: Der Lehrgangsteilnehmer vermag unterschiedliche Arten von Lebensläufen zu erklären, eine ihm angenehme Form zu wählen und einen Lebenslauf mit relevanten Daten zu erstellen.
LI: Der Lehrgangsteilnehmer erstellt mittels Textverarbeitungsprogramm einen Lebenslauf mit folgenden Daten: (a) persönliche Daten, (b) schulischer Werdegang, (c) Berufswunsch, (d) besondere Fähigkeiten, (e) Interessen und (f) Persönlichkeitsmerkmale unter Berücksichtigung formaler Optionen.
Hauptfehler: Fähigkeiten, Hobbys und Bezug zum Beruf werden nicht genannt.
Intervention: Aufmerksam machen durch das Fragen nach fehlenden Informationen.

3. LZ: Der Lehrgangsteilnehmer kann selbstständig ein mittels Textverarbeitungsprogramm erstelltes, dem arbeitsplatzbezogenen Anforderungsprofil entsprechendes Bewerbungsschreiben erstellen.
LI: (1) Voraussetzung. Der Lehrgangsteilnehmer kann den PC bedienen und ist im Umgang mit Textverarbeitung geübt. Er kann formale Anforderungen (zB Betreff) einhalten. Er nimmt im Textblock Bezug auf die Quelle bezüglich offener Lehrstelleninformation, begründet seine Eignung für die Position, bekundet sein Interesse für die Firma und seine persönliche Motivation, Abschlusssatz, Verweis auf Anruf, etc.
Hauptfehler: (1) Die Quelle wird nicht genannt, aus der der Lehrgangsteilnehmer weiß, dass die Firma einen Lehrling sucht; (2) keine direkte Ansprechperson wird in der Anrede genannt und (3) die Unterschrift wird vergessen.

Intervention: Musterbeispiel (formale und inhaltliche Anforderungen sind markiert und benannt) mit eigenem Bewerbungsschreiben vergleichen lassen und Unterschiede und zu Änderndes benennen.

4. LZ: Der Lehrgangsteilnehmer kann ein Kuvert gemäß der Ö-Norm beschriften.
LI: (1) Voraussetzung. Der Lehrgangsteilnehmer weiß, wo Absender und Anschrift platziert werden.
(2) Übung. Der Lehrgangsteilnehmer kann Kuverts unterschiedlichen Formats mit entsprechender Schriftgröße und Anrede der Empfänger beschriften bzw mittels PC die Beschriftung von Etiketten vornehmen.
Hauptfehler: (1) Zu kleine Schrift auf DIN A4 bzw (2) Anschrift oder Absender sind falsch platziert.
Intervention: Der Lehrgangsteilnehmer vergleicht sein beschriftetes Kuvert mit einem Musterbeispiel und erklärt die Unterschiede.

3.4.4 Curriculumeinheit 4: Telefontraining

Strukturziel: Der Lehrgangsteilnehmer vermag professionelles Telefonieren zum Zwecke der Erlangung eines Vorstellungsgespräches überzeugend nachzuweisen.

Kommentar: Der Kontaktaufnahme mit der Firma per Telefon kommt insofern besondere Bedeutung zu, da die Lehrgangsteilnehmer dazu neigen, die Notwendigkeit und Wichtigkeit des professionellen Telefonats zu bagatellisieren. Sie sind überzeugt, dass Üben und Trainieren nicht notwendig sei, da ja ohnehin täglich telefoniert wird. Vom Trainer ist in diesem Fall zu erklären, (1) warum sich professionelles Telefonieren von privatem unterscheidet und andere Regeln gelten, (2) warum Vorbereitung von absoluter Notwendigkeit und unverzichtbar ist, (3) warum die verbalen Äußerungen des Lehrgangsteilnehmers kurz, sprachlich prägnant und überzeugend sein müssen und (4) warum für den Lehrgangsteilnehmer minimal erscheinende Fehler (zB (a) undeutliches, leises Sprechen, (b) Telefonieren mit einer nicht für Personalentscheidungen zuständigen bzw informierten Person, (c) keine genaue Terminvergabe, (d) Vereinbaren eines Termins und Zeitpunktes, den der Lehrgangsteilnehmer nicht einhalten kann, etc.) gravierende Auswirkungen auf die Möglichkeit einer Einstellungszusage haben.

1. LZ: Der Lehrgangsteilnehmer kann beim Telefontraining (a) die Phasen des Telefongesprächs anwenden wie auch (b) situationsangepasstes Artikulieren ausführen.
LI: Der Lehrgangsteilnehmer führt mit dem Trainer ein Telefongespräch mittels Telefonanlage und vorgegebenem Rollenkärtchen. Anschließend wird die Tonbandaufnahme vorgespielt und vom Lehrgangsteilnehmer mittels Selbstfeedback sowie vorgegebener schriftlicher Kriterien evaluiert. Anschließend erhält er ein Feedback vom Trainer.
Hauptfehler: Zu leises und schnelles Artikulieren. Wenn der Lehrgangsteilnehmer öfters verbunden wird, wird darauf vergessen, den eigenen Namen zu nennen.
Intervention: Nochmaliges Vorspielen des Tonbandes bei gleichzeitigem Ausfüllen eines Rasters durch den Lehrgangsteilnehmer, in welchem Kriterien (zB Sprache: (a) Deutlichkeit, (b) Lautstärke, (c) Stimmelodie, (d) klare Formulierungen; Aufbau: Begrüßung, Namen und Anliegen nennen, Termin für ein Vorstellungsgespräch vereinbaren, Dank und Verabschiedung, Höflichkeit, etc.) aufgelistet sind. Wiederholen des Telefonats, bis eine der Lernfähigkeit des Lehrgangsteilnehmers und den Kriterien entsprechende Leistung erreicht ist.

3.4.5 Curriculumeinheit 5: Sowohl ausbildungsorientiertes Rollenspiel als auch Vorstellungsgespräch

Strukturziel: **Der Lehrgangsteilnehmer vermag sowohl die Rolle des Bewerbers als auch die des Arbeitgebers überzeugend darzustellen.**

Kommentar: Das Vorstellungsgespräch soll kein banales Frage-Antwortspiel sein, sondern ein Gespräch, in dem sich der Arbeitnehmer/ Bewerber als kompetenter Experte seiner selbst artikulieren und präsentieren sowie seine Wünsche, Visionen, Bedürfnisse und Vorstellungen von Arbeit, Berufsvollzug, etc. formulieren kann mit dem Ziel möglichst viele Facetten seiner Persönlichkeit geltend zu machen. Das Hineinversetzen in die Rolle des Arbeitgebers ist besonders relevant, da der Lehrgangsteilnehmer so selbst in der Lage ist für ihn von Bedeutung scheinende Fragen an den Bewerber zu stellen. Bei ungenügender Antwort kann er nachfragen. Durch diese Vorgehensweise wird ihm die Notwendigkeit präziser, genauer Antworten automatisch bewusst und einsichtig. Weiters soll er in der Lage sein Kriterien zur Auswahl des Bewerbers festzulegen und nach dem Vorstellungsgespräch den Bewerber nach diesen Kriterien zu beurteilen sowie eine Entscheidung zu treffen. Dem Lehrgangsteilnehmer soll somit bewusst werden, dass Entscheidungen von Anforderungen, Erwartungen und subjektiven Vorstellungen abhängen.

1. LZ: Der Lehrgangsteilnehmer kann in der Rolle des Arbeitnehmers/ Bewerbers im ausbildungsorientierten Rollenspiel die Gesprächsphasen einhalten.
LI: (1) Voraussetzung. Der Lehrgangsteilnehmer kann die Gesprächsphasen eines Vorstellungsgespräches in der richtigen Reihenfolge aufzählen und erklären, wozu sie dienen.
(2) Übung. Im Rollenspiel kann der Lehrgangsteilnehmer selbstständig Gesprächsphasen einleiten (zB Begrüßung, Interviewblock) und auf vom Bewerber gestellte Fragen erschöpfende Antworten geben.
Hauptfehler: Am Ende des Gesprächs wird keine Vereinbarung getroffen, wie das Bewerbungsverfahren bzw der Informationsaustausch weiterhin stattfinden soll.
Intervention: Aufmerksamkeit auf diesen Punkt lenken, und zwar durch die Frage: „Was hast du mit dem Arbeitgeber vereinbart bezüglich der weiteren Vorgehensweise?".

2. LZ: Der Lehrgangsteilnehmer kann in der Rolle des Arbeitnehmers/ Bewerbers im ausbildungsorientierten Rollenspiel die Fragen des Arbeitgebers ausführlich und überzeugend beantworten.
LI: (1) Voraussetzung. Der Lehrgangsteilnehmer kann zu wesentlichen Einstellungen, Persönlichkeitsmerkmalen, etc. sinnvolle, ausreichende Antworten geben, dh die Auseinandersetzung mit sich selbst ist bereits erfolgt und der Lehrgangsteilnehmer ist in der Lage, seine Erkenntnisse, Wünsche, Bedürfnisse verbal für Fremde verständlich, in sinnvollen Beispielen oder Zusammenhängen zu äußern und hat dies bereits im Vorfeld getan bzw ausgeführt.

(2) Übung. Im Rollenspiel kann der Lehrgangsteilnehmer dem ihm gegenüber sitzenden Arbeitgeber Fragen ausführlich und überzeugend beantworten. Ist dieses Kriterium für den Arbeitgeber nicht erfüllt, dann formuliert er seine Frage nochmals, bis er eine ihn zufriedenstellende Antwort erhält, und fordert den Lehrgangsteilnehmer in der Rolle des Bewerbers auf sich präziser zu äußern.
Hauptfehler: Der Lehrgangsteilnehmer kann seinen Berufswunsch nicht begründen und gibt kurze, unpräzise Antworten, die mehrmaliges Nachfragen nach sich ziehen.
Intervention: Durch Abspielen der Videoaufzeichnung wird dem Lehrgangsteilnehmer (a) die Länge seiner Antworten und (b) deren Informationsgehalt bewusst vor Augen geführt und optimale Antworten werden besprochen.

3. LZ: Der Lehrgangsteilnehmer kann in der Rolle des Arbeitnehmers/ Bewerbers im ausbildungsorientierten Rollenspiel Fragen an den Arbeitgeber formulieren, wie auch sich daraus ergebende Rückfragen ausführlich und überzeugend beantworten.
LI: (1) Voraussetzung. Der Lehrgangsteilnehmer kann zwischen geschlossenen und offenen Fragen unterscheiden, den Unterschied erklären wie auch begründen, warum durch das Formulieren offener Fragen mehr Informationsgehalt bei der Antwort zu erwarten ist.
(2) Übung. Im Rollenspiel stellt der Lehrgangsteilnehmer dem Arbeitgeber drei Fragen mit dem Ziel möglichst viele für ihn relevante Informationen über (a) den Berufsvollzug, (b) den Arbeitsalltag, (c) die Firma inklusive ihrer Spezialisierung, etc. zu erhalten. Die Informationen werden vom Lehrgangsteilnehmer notiert bzw auf Tonband aufgenommen. Wenn der Informationsgehalt der Antworten zu gering ist, werden die Fragen vom Lehrgangsteilnehmer überdacht und mit Hilfe anderer Lehrgangsteilnehmer oder des Trainers umformuliert und nochmals gestellt. Dieses Vorgehen wird gemäß der Lernfähigkeit des Lehrgangsteilnehmers mehrmals wiederholt. Sind die Antworten zufriedenstellend, dann werden sie mit der Anfangsfrage und -antwort verglichen. Die Redegewandtheit des Arbeitgebers ist als Einflussfaktor zu beachten.
Hauptfehler: Oberflächliche und vor allem geschlossene Fragen werden gestellt.

Intervention: Fragen nochmals stellen lassen, Trainer paraphrasiert um Unklarheiten in der Fragestellung zu verdeutlichen.

4. LZ: Der Lehrgangsteilnehmer kann in der Rolle des Arbeitnehmers/ Bewerbers Rücksicht auf Körpersprache nehmen und bewusst positive Signale aussenden.
LI: (1) Voraussetzung. Der Lehrgangsteilnehmer kann positive und negative Beispiele von Körpersprache, Mimik und Gestik darstellen und die Auswirkung auf andere erklären.
(2) Übung. Der Lehrgangsteilnehmer kann einem anderen Lehrgangsteilnehmer Instruktionen zu positiver bzw negativer Körpersprache vor dem Rollenspiel geben bzw bei der Videoaufnahme erläutern bzw absichtlich negative Körpersprache auf dem Video darstellen und bei einer zweiten Aufnahme diese dann ins Positive umkehren.
Hauptfehler: Hängende Schultern, zaghafter Händedruck, Arme verschränken.
Intervention: Den Lehrgangsteilnehmer sowohl mit hängenden als auch aufrechten mit Schultern filmen bzw die Haltung an einem anderen Lehrgangsteilnehmer verdeutlichen.

5. LZ: Der Lehrgangsteilnehmer kann in der Rolle des Arbeitgebers anhand einer vorgegebenen Rolle und eines arbeitsplatzbezogenen Anforderungsprofils Kriterien für eine Entscheidung bezüglich der Aufnahme des Bewerbers formulieren.
LI: (1) Voraussetzung. Der Lehrgangsteilnehmer ist mit dem Prozess von Datensammlung und Gewichtung vertraut.
(2) Übung. Der Lehrgangsteilnehmer erstellt einen Raster zur Beurteilung des Bewerbers, indem er ihm wichtige Punkte auflistet (zB Wohnort in Firmennähe, Zeugnisnote) und gewichtet. Er kann die Auflistung und Gewichtung begründen.
Hauptfehler: unrealistische Kriterien und Gewichtung.
Intervention: Besprechen von Kriterien und deren Wichtigkeit in der Realität, Sammeln von jenen Kriterien, die Firmenchefs bei der Auswahl von Lehrlingen als wichtig erachten.

6. LZ: Der Lehrgangsteilnehmer kann in der Rolle des Arbeitgebers im ausbildungsorientierten Rollenspiel präzise Fragen an den Bewerber stellen, die Antworten notieren und anhand dieser und des nonverbalen Eindrucks des Bewerbers mittels vorher festgelegter Kriterien eine begründete Entscheidung treffen,

warum er sich für oder gegen eine Aufnahme des Bewerbers entscheidet.
LI: (1) Voraussetzung. Der Lehrgangsteilnehmer beherrscht Fragetechnik, Gesprächsphasen und kann sich somit auf die Bewertung konzentrieren.
(2) Übung. Während des Vorstellungsgesprächs oder unmittelbar danach trägt der Lehrgangsteilnehmer seine Bewertung in den Raster ein und kommt zu einer Gesamtbewertung, die eine Begründung für die Aufnahme oder Absage des Bewerbers enthält.
Hauptfehler: Oberflächliche Fragen und Zufriedengeben mit oberflächlichen Antworten, die rationale Kriterien für die Entscheidung kaum zulassen.
Intervention: Aufmerksam machen und zu Rückfragen anregen.

3.5 Kennzeichen professionellen Trainerberufsvollzugs

„Aus der Perspektive lehrerberufsspezifischer Qualifizierungsvoraussetzungen besteht nach wie vor der Tatbestand der Jedermannsqualifikation ... Die Unterrichtserteilung ist in bestimmten Bildungseinrichtungen noch immer (a) ohne pädagogische oder (b) ohne facheinschlägige Kompetenz möglich" (41, S. 467).

In Bildungseinrichtungen der Erwachsenenbildung besteht auch im Bereich des Persönlichkeitstrainings, also jener Sparte, unter der auch Kommunikations- und Bewerbungstrainings zu finden sind, der Tatbestand der Jedermannsqualifikation. Faktum ist, dass Personen trainieren, die sich im Bewerbungsgespräch mit Vertretern der Bildungseinrichtung gut verkaufen und charismatisch auftreten, welche Vertreter ähnlicher Professionen sind (zB Lebens- und Sozialberater, Therapeuten, Supervisoren) und Erfahrungen mit Erwachsenen nachweisen können, welche ohne pädagogische und facheinschlägige Ausbildung schon länger in diesem Bereich tätig sind, Autodidakten und Lebenskünstler und die zu Kursbeginn verfügbar sind. Berufsvollzug unter folgenden Bedingungen trägt dazu bei, dass qualifizierte Trainer in andere Berufsbereiche abwandern: (a) Berufsvollzug auf Werkvertragsbasis, (b) selbstständige Akquirierungstätigkeit, (c) Unsicherheit bis zum ersten Kurstag, ob Kurs stattfindet, (d) hohes Ausmaß an Flexibilität, Mobilität und Selbstständigkeit erforderlich, (e) Qualitätssicherung durch Teilnehmerbefragung bzw Vermittlungsquote „Kurse müssen laufen", (f) keine Evaluierung, ob einzelne Lernziele von den Lernern erreicht wurden, beherrscht werden außer durch den Trainer selbst, (g) keine Evaluierung in Form von Vergewisserungshandlungen (Prüfungen), (h) mangelnde Überprüfung der Trainer in punkto Planung, Vorbereitung, Durchführung und Evaluation professionsspezifischer Treatments, (i) mangelnde Überprüfung der Trainer in punkto Wissen um und Beherrschen von didaktischen Verarbeitungsprozeduren, Instrumentalisierungen und Lernzielkontrolle, (j) keine Überprüfung der Trainer in punkto Neigung und Eignung, (k) Fehlen eines Berufsanforderungsprofils und (l) kein Überprüfen der Führungsfähigkeit.

Tab. 06: Kennzeichen professionellen Trainerberufsvollzugs in Anlehnung an Schwendenwein (41, S. 443-444)

01.	Jeder erfahrene Trainer verfügt (a) über ein Standardrepertoire pädagogischer Fertigkeiten und (b) über ausreichend ausgeprägte pädagogische Fähigkeiten.
02.	Der Trainer verfügt über ein Standardrepertoire an Methodenkompetenz (Moderatoren-Know-how, professioneller Einsatz von expertenhomogenen sowie heterogenen Teamteaching, Arbeitstechniken und -methoden, Präsentations- und Vortragstechniken, Wissen über Medientaxonomie, professioneller Umgang mit und Einsatz von Medien wie zB Videokamera, TV und Videorekorder).
03.	Der Trainer verfügt über eine adäquat ausgeprägte Kommunikationsfähigkeit, dh er beherrscht (a) rhetorische Grundregeln, (b) Vortragstechniken und (c) seine Körpersprache und ist (d) versiert auf den Gebieten Gesprächsführung und Sprach-Codes.
04.	Der Trainer beherrscht Planung, Vorbereitung, Durchführung und Evaluation professionsspezifischer Treatments und Interventionen sowie erforderliche Modifikationen derselben, dh er verfolgt konsequent und zielorientiert seine Ziele unter Zuhilfenahme von Kreativität.
05.	Der Trainer zeichnet sich aus durch hohe Belastbarkeit, Frustrationstoleranz, Stressresistenz und Abgrenzungsfähigkeit und ist in der Lage gegebenenfalls Copingstrategien zu praktizieren.
06.	Es gelingt dem Trainer pädagogische Beharrlichkeit, Selbstreflexion, Annehmen und Geben von Kritik unter dem Aspekt der Verantwortung in sein pädagogisches Handeln einzubeziehen bzw umzusetzen.
07.	Der Trainer ist in der Lage die Lerner mitzureißen und begeistern zu können, er weiß um die Bedeutung intrinsischer und extrinsischer Motivation und kann durch gezielte Maßnahmen die Lerner zum Aktivwerden bewegen.

Fortsetzung von Tab. 06

08.	Der Trainer ist partnerschaftlicher Begleiter, der (a) Einfühlungsvermögen, (b) Aufgeschlossenheit, (c) wohlwollendes Verstehen, (d) Authentizität, (e) Hilfsbereitschaft, (f) Vertrauenswürdigkeit, (g) Toleranz, (h) Durchsetzungsvermögen und Konsequenz vorbildhaft vorlebt, dh auch, dass er gleichzeitig verantwortungsbewusst mit seiner eigenen psychophysischen Beanspruchbarkeit umgeht und Maßnahmen so setzt, dass der Lerner das gesteckte Lernziel erreicht.
09.	Der Trainer ist bestrebt in seinen Trainingseinheiten ein Leistungsniveau zu erreichen, welches über dem professionsspezifischen Mindeststandard liegt, und richtet sein Verhalten so aus, dass es für seine Profession im höchsten Maße verantwortbar und vorbildhaft ist.
10.	Der Trainer kann Treatments und Interventionen selbstständig einsetzen und ist in der Lage Konflikte (a) innerhalb der Trainingsgruppe und (b) des einzelnen Lerners zu erkennen und Maßnahmen zu deren Vorbeugung und gegebenenfalls eine Lösung zu treffen.
11.	Der Trainer erkennt die Grenzen und Möglichkeiten seiner eigenen pädagogisch-wissenschaftlichen sowie facheinschlägigen Qualifikation und ist nicht zu eitel in Einzelfällen einen Vertreter einer möglicherweise kompetenteren Profession hinzuzuziehen bzw den Lerner abzutreten, wenn dieser trotz gesetzter Interventionen das Kursziel nicht erreichen wird und dessen Handicap nicht im Rahmen des Kurses abgedeckt werden kann.
12.	Vom Trainer ist professionelle Flexibilität in folgender Hinsicht zu erwarten: (a) schnelles Einstellen und Reagieren auf neue Situationen (zB wenn die Maßnahme aufgrund niedriger Teilnehmerzahl nicht zu zweit, sondern alleine zu leiten ist oder wenn er mit einem Trainer im Team die Trainingsgruppe leitet, mit dem er noch nie zusammengearbeitet hat), (b) im Präsentationsverhalten und Vortragen (zB Abänderung der Tagesinhalte und Eingehen auf inhaltliche Bedürfnisse der Lerner), (c) bei Ausfall von geplanten Exkursionen oder Referenten, (d) bei der Erteilung sinnvoller Arbeitsaufträge für die Trainingsgruppe, wenn beispielsweise ein Lerner plötzlich infolge eines auftretenden Weinkrampfes intensiver betreut werden muss, (e) bei Auftreten unterschiedlicher Probleme (zB Videorecorder funktioniert nicht) sowie (f) zur Koordinierung der Trainingsgruppe, wenn unterschiedliche Tagesziele jedes einzelnen Lerners in der Phase des aktiven Bewerbens umgesetzt werden sollen.

3.6 Zusammenfassung

Ziele des Bewerbungstrainings sind (a) das Entwickeln einer persönlichen Bewerbungsstrategie, (b) das Umsetzen einer optimalen, authentischen Verkaufsstrategie sowie (c) die Minimierung von Fehlern. Durch die erlernten Kenntnisse und Fertigkeiten soll der Lehrgangsteilnehmer in der Lage sein seinen Bewerbungsprozess so zu gestalten, dass dieser in der erfolgreichen Berufseinmündung endet. Dies wird erreicht durch die Schwerpunktsetzung im Ausbildungscurriculum auf Persönlichkeitsbildung, Bewusstmachen von Verhaltens- und Kommunikationsmustern, von Erwartungen potentieller Arbeitgeber und der Gesellschaft sowie von Berufsanforderungsprofilen. Die Curriculumeinheiten des fachtheoretischen und fachpraktischen Ausbildungscurriculums beschäftigen sich primär mit den folgenden Themen: Kommunikation und Präsentation, Entspannungsübungen, schriftliche Bewerbung, Telefontraining sowie Vorstellungsgespräch, da diesbezüglich mangelnde Kompetenz bei Lernern feststellbar ist und somit Handlungsbedarf besteht. Nach Absolvierung des Lehrgangs soll der Lehrgangsteilnehmer die in den Präliminarien definierten Teilkompetenzen (zB zielstrebig arbeiten können, eigenständig Informationen beschaffen können, Verantwortung für sich selbst übernehmen können) in dem Ausmaß erworben haben, sodass er nunmehr ohne Trainer selbst im Bewerbungsprozess erfolgreich bestehen kann. Für das Training bedeutet das, dass die im Ausbildungscurriculum definierten didaktisch-methodischen Grundsätze für den fachtheoretischen Unterricht (zB praxisorientierte Vermittlung, Individualisierung und Differenzierung, regelmäßige Selbst- und Fremdevaluation) sowie für den fachpraktischen Unterricht (zB Einsatz des fachpraktischen Ausbildungspasses, Vermittlung von Wissen in kleinen, dem Leistungsniveau und Vorwissen der Lehrgangsteilnehmer entsprechenden Schritten, Selbstfeedback vor Fremdfeedback) unbedingt eingehalten werden müssen, wenn die vom Lehrgangsteilnehmer erwünschte Gesamtqualifikation am Ende des Lehrgangs erreicht werden soll. Voraussetzung dafür ist die erfolgreiche Umsetzung durch Trainer, welche die in den Kennzeichen professionellen Trainerberufsvollzugs festgelegten Kriterien erfüllen.

4 DER BERUFSINFORMATIONS- UND BILDUNGSBERATUNGSSERVICE (BIBS)

4.1 Entstehung

Die Aktivitäten der Wirtschaftskammern Österreichs und der ihnen als Abteilung des Kammeramtes angeschlossenen Wirtschaftsförderungsinstitute reichen auf dem Gebiet der Berufsinformation und Bildungsberatung in ihren Anfängen in das Jahr 1966 zurück, als das WIFI Wien für AHS- und BHS- Absolventen die „Woche der Berufsinformation" zum ersten Mal durchführte (vgl. 17, S.135-137). Seit 1975 erfuhr die Bildungs- und Berufsberatung der Wirtschaftskammer eine qualitative Weiterentwicklung, deren Folge die Entstehung von Beratungszentren in allen Bundesländern war.

Tab. 07: Auflistung der Bildungs- und Berufsinformationszentren in den Bundesländern (vgl. dazu 17, S.143-201)

Bundesland	Name des Beratungszentrums	Abkürz.
Wien	Berufsinformation der Wiener Wirtschaft WIFI Bildungsberatung	BIWI
Niederösterreich	Berufsinformationszentren des WIFI Niederösterreich	WIFI/ BIZ
Burgenland	Berufs- und Bildungsinformationsservice der Wirtschaftskammer Burgenland	BIBS
Oberösterreich	Bildungs- und Berufsinformation im Rahmen der BIPOL–Kundendienstzentren der Wirtschaftskammer Oberösterreich	BIPOL Kundendienstzentrum
Kärnten	Bildungs- und Berufsinformation im Rahmen der Abteilung für Berufsausbildung der Wirtschaftskammer Kärnten	-------
Steiermark	WIFI Bildungsberatung	-------
Salzburg	Auskunft und Hilfe in Ausbildungsfragen Bildungsservice der Wirtschaftskammer Salzburg	AHA
Tirol	Berufsinformationszentrum der Wirtschaftskammer Tirol: WIFI Bildungsberatung	BIZ der WK Tirol
Vorarlberg	Berufs- und Bildungsinformation Vorarlberg	BIFO

Im Juni 1990 wurde in der Wirtschaftskammer Burgenland der Berufsinformations- und Bildungsberatungsservice (BIBS) eingerichtet. Die Intention der Wirtschaft, berufswählende Lerner mittels Berufsinformations- und Bildungsberatungsservice zu unterstützen, liegt in dem Bestreben, (a) die in der Wirtschaft Tätigen bestmöglich zu qualifizieren um „die Wettbewerbsfähigkeit der Wirtschaft, den Lebensstandard der Bevölkerung, das Beschäftigungsniveau und die sozialen Leistungen der Gesellschaft zu erhalten und zu verbessern" (17, S. 129), (b) Berufs- und Bildungsberatung in Zusammenhang mit den Bedürfnissen des regionalen Arbeitsmarkts zu sehen, (c) dem Fachkräftemangel entgegenzuwirken, (d) eventuell auch korrigierend in die Berufswahl einzugreifen, beispielsweise verwandte Berufsfelder aufzeigen, Interesse an Mangelberufen wecken, etc. und (e) der Abwanderung nach Wien entgegenzuwirken (vgl. BIBS, Presseartikel 1998).

4.2 Ziel des BIBS

Die Zieldefinition des BIBS besteht darin allen bildungsinteressierten Lernern ab der 7. Schulstufe Anlaufstelle zu sein und Hilfestellung anzubieten in allen Fragen der (a) Berufs- und Schulwahl, (b) Lehrstellensuche, (c) Weiterbildung, (d) Karriereplanung, (e) Umschulung, (f) Wiedereinstieg, etc. Die Hilfestellung erfolgt in (1) Einzelberatungen, (2) Selbstinformation und in Form des (3) ESF-Projektes „Bildungsberatungsoffensive". Im Sinne des Erlangens der Berufswahlreife soll der bildungsinteressierte und berufswählende Lerner durch die Maßnahmen des BIBS in der Lage sein: (a) sich selbst inklusive seiner Fähigkeiten, Stärken und Schwächen realistisch einzuschätzen, (b) seine Berufswünsche aufgrund dieser Einschätzung und unter Einbeziehung seiner Interessen und der Chancen am Arbeitsmarkt zu evaluieren und sein Ergebnis zu begründen, (c) eine rationale Entscheidung zu treffen und (d) in einen Beruf oder eine Ausbildung einzumünden.

4.3 Philosophie des BIBS

Die Philosophie des BIBS besteht darin bildungsinteressierte Lerner individuell und problemspezifisch zu unterstützen (a) im bewussten Kennenlernen ihrer eigenen Persönlichkeit, (b) in ihrer Kompetenz, Selbsthilfe und Selbstständigkeit zu praktizieren, (c) in ihrer Fähigkeit ihr eigenes Potential zu entdecken, wahrzunehmen und in die Berufs- oder Schulwahl miteinzubeziehen sowie (d) den Selbstwert und das Selbstbewusstsein des berufswählenden Lerners im Berufswahlprozess, der sehr viele

Verunsicherungen mit sich bringt, unter Berücksichtigung des Individuums und seiner Wünsche inklusive sozioökonomischer Aspekte der Berufswahl zu stärken. Dies erfolgt in einer Atmosphäre uneingeschränkter positiver Wertschätzung im Sinne der „Klientenzentrierten Gesprächstherapie" nach Carl Rogers. Die berufspädagogischen Leitgedanken, die Didaktik und Gestaltung der Seminareinheiten orientieren sich am Schweizer Berufsberater Erwin Egloff (1990), der in allen Maßnahmen der Berufswahlvorbereitung die Förderung der Selbstständigkeit des Lerners als Ziel sieht und dabei die Selbstständigkeit im (a) Denken, (b) Entscheiden und (c) Handeln betont (vgl. 09, S. 17).

4.4 Angebote des BIBS

Der BIBS bietet für (1) Privatpersonen (a) Einzelberatungen und (b) Selbstinformation, für (2) Unternehmen Lehrlingstests (a) firmenintern oder (b) im BIBS und (3) für Schulen sechs Maßnahmen im Rahmen des ESF-Projekts „Bildungsberatungsoffensive". Die Maßnahmen für Schulen bilden ein umfassendes Berufswahlprogramm mit Prozesscharakter, welches aus mehreren Stufen besteht und das Ziel verfolgt „die Berufswahlreife der Schüler zu fördern, Entscheidungshilfe zu geben um in Folge eine fundierte Wahl zu ermöglichen" (BIBS, Projektbericht Bildungsberatungsoffensive 6/98 - 4/99). Das ESF-Projekt „Bildungsberatungsoffensive" besteht aus folgenden Maßnahmen: (1) Vortragsserie zur Berufs- und Schulwahl für (a) Lerner und (b) deren Eltern, (2) Berufslehrpfad, (3) Gruppentests und Einzelberatungen, (4) „Abenteuer Beruf", (5) Bewerbungstraining und (6) Betriebsexkursionen. Zielgruppe sind berufswählende Lerner der 7. bis 9. Schulstufe wie auch deren Eltern und Lehrpersonen, die die Berufswahl maßgeblich beeinflussen (siehe Kap. 1).

4.4.1 Angebote für Privatpersonen

4.4.1.1 Einzelberatungen

Definition. Mit Einzelberatung für Privatpersonen ist gemeint, dass jeder heranwachsende oder erwachsene berufswählende Lerner den BIBS als Anlaufstelle hinsichtlich beruflicher Aus- und Weiterbildung nach vorhergehender Terminvereinbarung in Form eines dialogischen Beratungsgesprächs auf der Basis „Klientenzentrierter Gesprächstherapie" mit einem berufspädagogisch und berufspsychologisch geschulten Psychologen auf Wunsch unter Einbeziehung psychologischer Testverfahren nutzen kann.

Intention. Mit Einzelberatung ist beabsichtigt unter Einbeziehung der Interessen, Fähigkeiten, Persönlichkeit und individuellen Berufswünsche des berufswählenden Lerners mit diesem (1) gemeinsam einen individuellen Maßnahmenplan zu erstellen, (2) die Chancen am Arbeitsmarkt zu besprechen, (3) sein Vertrauen in sich selbst zu stärken, (4) den Mut und die Entschlossenheit, eine Berufswahlentscheidung zu treffen, zu stärken, (5) nicht verwirklichbare Vorstellungen und Entscheidungen zu korrigieren, (6) ihn zu kritischer Selbstevaluation anzuregen und (7) Entscheidungshilfen und –strategien zu erarbeiten.

4.4.1.2 Selbstinformation

Allgemein. Seit dem Umzug des BIBS in den Wirtschaftskammerneubau 1996 steht berufswählenden Lernern ein multimedialer Berufsinformationsraum zur Verfügung, der eine umfangreiche und umfassende Sammlung von Berufsinformationen in strukturierter, für die berufswählenden Lerner leicht handhabbarer Form beinhaltet. Die Selbstinformation kann nach Terminabsprache kostenlos, ohne Angabe persönlicher Daten wie auch ohne zeitliches Limit für die Nutzung erfolgen. „Das Angebot der Selbstinformation intelligent nutzen können, setzt Motivation und ein gewisses Maß an Berufswahlreife voraus, diese zeigt sich im Wissen um die eigenen Interessen und Neigungen sowie in der Fähigkeit zur Selbsteinschätzung" (17, S. 126).

Definition. Mit Selbstinformation ist gemeint, dass der BIBS heranwachsenden wie auch erwachsenen berufswählenden Lernern die Möglichkeit bietet sich im multimedialen Berufsinformationsraum des berufskundlichen Informationsmaterials via (a) Printmedien, (b) berufskundlicher Filme des WIFI-Filmdienstes, (c) Berufsinformations-Computerprogramm (BIC) des Instituts für Bildungsforschung der Wirtschaft und (d) via Internet selbstständig und selbstverantwortlich zu informieren und zu agieren.

Intention. Die Selbstinformation soll allen bildungsinteressierten Lernern kostenlos ein möglichst umfangreiches Angebot an Berufs- und Bildungsinformationen zur Recherche für den Berufswahlprozess zur Verfügung stellen. Bei Bedarf soll die Hilfestellung von geschultem Personal in Anspruch genommen werden können.

4.4.2 Angebote für Unternehmen

Definition. Für burgenländische Unternehmen besteht die Möglichkeit potentielle Lehrlinge einem psychologischen Testverfahren zu unterziehen und so die Eignung für die Lehrstelle zu überprüfen.

Intention. Die Intention, potentielle Lehrlinge für Unternehmen zu prüfen, liegt in einer Zusammenführung von diesen mit Unternehmen mit dem Ziel für das Unternehmen den geeigneten, der Firmenphilosophie entsprechenden Mitarbeiter unter zeit- und kostensparendem Aspekt zu rekrutieren.

4.4.3 Angebote für Schulen

Definition. Das Projekt „Bildungsberatungsoffensive" ist ein vom Land Burgenland und vom Europäischen Sozialfonds (ESF) kofinanziertes Maßnahmenpaket für Lerner der 7. - 9. Schulstufe mit dem Ziel einen Beitrag zur gezielten Berufswahl sowie eine Prävention in Richtung Jugendarbeitslosigkeit zu leisten.

Intention. Das Projekt „Bildungsberatungsoffensive" möchte heranwachsende, berufswählende Lerner durch ein gezieltes Maßnahmenpaket auf den Prozess der Berufswahl- und Bildungsentscheidung vorbereiten und sie unterstützen.

4.4.3.1 Projektstart

Mit dem Umzug in den Wirtschaftskammerneubau erweiterte der BIBS seine berufskundlichen Maßnahmen für die berufswählenden Lerner der 7. bis 9. Schulstufe. „Da nach Angaben des Arbeitsmarktservices Schüler der 7. und 8. Schulstufe nicht zur Zielgruppe des Arbeitsmarktservices gehören, sah sich die Wirtschaftskammer Burgenland veranlaßt, ein Projekt mit den Schwerpunkten Bildungs- und Berufsberatung zu initiieren. Dieses wurde im Frühjahr 1998 unter dem Namen Bildungsberatungsoffensive dem Europabüro des Landes und dem Arbeitsmarktservice als ESF-Projekt zur Begutachtung vorgelegt. Damit die Bildungsberatungsoffensive allen burgenländischen Schülern zugute kommen kann, wurde seitens des Landes eine Kofinanzierung im Rahmen des Europäischen Sozialfonds im Mai 1998 beschlossen" (BIBS, Projektbericht Bildungsberatungsoffensive 6/98 - 4/99).

4.4.3.2 Der Europäische Sozialfonds (ESF)

Der ESF, der als einer der drei Strukturfonds der Europäischen Union das Ziel verfolgt, das Problem der Arbeitslosigkeit in den Griff zu bekommen, hat sich im Rahmen von Ziel 3 vor allem Jugendlichen mit der Intention diesen den Zugang zum Arbeitsmarkt zu erleichtern, gewidmet und trägt damit der Tatsache Rechnung, „daß es neben den traditionellen Berufsbildungsmaßnahmen und Beschäftigungsbeihilfen einer ganzen Palette zusätzlicher Aktionen bedarf. So könnte der ESF beispielsweise die Kofinanzierung von Maßnahmen zur Berufsvorbereitung, Beratung, Verbesserung der Grundfertigkeiten, Schaffung von Beschäftigungsmöglichkeiten im gemeinnützigen Bereich und von Möglichkeiten zum Erwerb praktischer Berufserfahrung, Hilfe bei der Arbeitssuche sowie von Maßnahmen zur Förderung der geographischen und beruflichen Mobilität übernehmen. ...Die ESF-Interventionen sind eine wichtige Komponente der Strategie der Union, mit deren Hilfe sie die für Wachstum, Stärkung der Wettbewerbsfähigkeit und Verbesserung der Beschäftigungslage erforderlichen Anpassungen bewältigen will" (http://www.inforegio.org).

4.4.3.3 Berufspädagogische Maßnahmen des Europäischen Sozialfonds (ESF) Projekts „Bildungsberatungsoffensive"

4.4.3.3.1 Vortragsserie für Lerner und Eltern zur Berufs- und Schulwahl

Definition. Vortragsserie zur Berufs- und Schulwahl für Lerner und deren Eltern meint, dass an Schulen in Form einer einstündigen Veranstaltung (a) vormittags für Lerner für jeweils einen Jahrgang der 7.-9. Schulstufe und (b) abends für deren Eltern beispielsweise im Rahmen eines Elternabends ein Berufspädagoge nach Koordinierung der gewünschten Themen mit einer für Berufsorientierung verantwortlichen Lehrpersonen der Schule zu einem der folgenden Bereiche (a) Berufswahlreife, (b) Fähigkeiten, Neigungen und Kenntnisse, (c) Schultypen, (d) Lerntechniken und Motivation, (e) Arbeitsmarkt und Lehrstellensituation sowie (f) Bewerbungsprozess und unter Beachtung der in Kapitel 3 (didaktische Vermittlungselemente, Einlehrervortrag) genannten Verhaltensindikatoren sowie unter interaktiver Einbeziehung der Zielgruppe referiert.

Tab. 08: Generelle Indikation (in Anlehnung an Schwendenwein, 41, S. 206)

A	Die Durchführung der Vortragsserie zur Berufs- und Schulwahl für Eltern/ Lerner ist unter folgenden Voraussetzungen sinnvoll,
01.	wenn der Berufspädagoge den zu vermittelnden Lehr-Lerninhalt sehr gut beherrscht;
02.	wenn der Berufspädagoge den Vortrag klar gliedern kann;
03.	wenn der Berufspädagoge für die Rolle des Referenten und Diskussionspartners geeignet ist;
04.	wenn der Berufspädagoge weiß, auf welchem Vorwissen er seinen Vortrag aufbauen kann;
05.	wenn der genaue inhaltliche Rahmen des Vortrags abgesprochen wurde;
06.	wenn durch diese Absprache hervorgeht, dass die Inhalte des Vortrags für die Eltern/ Lerner relevant sind;
07.	wenn mit dem Berufsorientierungslehrer oder schulinternen Bildungs- und Berufsberater Erwartungen der Eltern/ Lerner besprochen und geklärt wurden;
08.	wenn der Berufspädagoge den Lehr-Lerninhalt im Überblick darstellen bzw ganz bestimmte Detailinformationen geben soll, die auf die Zielgruppe der Eltern/ Lerner genau zugeschnitten sind;
09.	wenn die Eltern/ Lerner über den Inhalt des Vortrags informiert sind;
10.	wenn die Eltern/ Lerner auf die anschließende Diskussion vorbereitet sind.
B	Die Vortragsserie zur Berufs- und Schulwahl für Eltern/ Lerner ist für folgende Zielsetzungen bedeutsam,
01.	wenn der Berufspädagoge „die notwendigen Informationen rationell, gezielt und in zeitlich vertretbarem Umfang unter Berücksichtigung lernerbezogener Bedingungen geben soll";
02.	wenn die zu vermittelnden Informationen gezielt ausgewählt und in strukturierter Form vorgetragen werden sollen;
03.	wenn „ausgewählte Informationen mit gebotener Kritik versehen" werden sollen;
04.	wenn über das umfangreiche Stoffgebiet der Berufs- und Schulwahl ein Überblick gegeben werden soll;
05.	wenn mit dem umfangreichen Stoffgebiet der Berufs- und Schulwahl erste Kontakte aufgebaut und Ängste, Befürchtungen abgebaut werden sollen;

Fortsetzung von Tab. 08

06.	wenn vermittelt werden soll, dass sich Experten mit dem Stoffgebiet der Berufs- und Schulwahl befassen und Hilfestellung bezüglich Information und Entscheidung anbieten;
07.	wenn dadurch bestimmte Denkabläufe bei den Eltern/ Lernern initiiert werden sollen;
08.	wenn bei den Eltern Sensibilität, Bewusstsein und Interesse am Stoffgebiet und somit an der beruflichen Zukunft ihrer Kinder geweckt werden soll;
09.	wenn bei den Lernern Sensibilität, Bewusstsein und Interesse am Stoffgebiet und somit an der eigenen beruflichen Zukunft geweckt werden soll;
10.	wenn Eltern zum wohlüberlegten, bewussten und aktiven Mittun an der Berufs- oder Schulwahl ihrer Kinder bewegt werden sollen;
11.	wenn Lerner zum wohlüberlegten, bewussten und aktiven Mittun an der eigenen Berufs- oder Schulwahl bewegt werden sollen.

4.4.3.3.2 Berufslehrpfad

Definition. Mit Berufslehrpfad ist eine dreistündige kostenlose Veranstaltung im BIBS für Lerner der 7. - 9. Schulstufe gemeint, die sich in drei einstündige Teile gliedert: (a) Der erste Teil ist ein Seminarteil zum Bereich der Berufs- und Schulwahl, (b) den zweiten Teil bildet ein geführter Rundgang durch die Besucherebene, von welcher aus berufsspezifische Tätigkeiten in den WIFI-Werkstätten (zB Holzwerkstätte mit Maschinenraum und Handwerkstätte, Metallwerkstätte mit Mehrzweckwerkstätte und Handwerkstätte, Kfz-Werkstätte, Kleidermacher und Tapeziererwerkstätte, Dekorateurwerkstätte, Friseurwerkstätte, Massage- und Kosmetikwerkstätte, Elektrolabor, Tourismuszentrum mit Servierraum, Barraum und Lehrküche) beobachtet werden können, wobei die Holz-, Metall- und Kfz-Werkstätten ausschließlich in Begleitung eines autorisierten Werkstättenleiters, welcher im Rahmen der Führung die berufsspezifischen Tätigkeiten beschreibt und vorführt (zB schweißen, drehen, auch betreten werden dürfen und (c) der dritte Teil, der aus einer Einführung in die Benutzung des multimedialen Berufsinformationsraums besteht, in welchem neben Printmedien, Videos und Berufsinformationscomputer (BIC) des Instituts für Bildungsforschung der Wirtschaft auch per Internet (mittels zur Verfügung gestellten Webadressen zur Berufs- und Schulwahl) Informationen gesammelt werden können.

Tab. 09: Generelle Indikation

A	**Die Durchführung des Berufslehrpfads ist unter folgenden Voraussetzungen sinnvoll,**
01.	wenn die Inhalte des Seminarteils genau mit den Erwartungen der Lehrperson abgesprochen wurden;
02.	wenn der Berufspädagoge über Vorwissen der Lerner auf dem Gebiet der Schul- und Berufswahl eingehend informiert ist;
03.	wenn die Lerner beim Seminarteil auch interaktiv eingebunden werden;
04.	wenn die Lerner an Berufen des Gewerblichen Dualsystems interessiert sind;
05.	wenn in den WIFI-Werkstätten gearbeitet wird und die Lerner so berufsspezifische Tätigkeiten beobachten können;
06.	wenn der Berufspädagoge in der Lage ist Werkstätten, Berufsbilder und Tätigkeiten interessant und fachlich korrekt zu beschreiben;
07.	wenn der Berufspädagoge in der Lage ist Fragen der Lerner während des Werkstättenrundgangs zu den Berufen zu beantworten;
08.	wenn die Lerner Werkstättenmeister oder in den Werkstätten arbeitende Lehrlinge, Gesellen und Facharbeiter befragen können;
09.	wenn geklärt ist, nach welchen Informationen die Lerner im multimedial ausgestatteten Berufsinformationsraum suchen wollen;
10.	wenn die Anzahl der Lerner 20 nicht überschreitet;
11.	wenn die Lerner mit PC und Internet umgehen können.
B	**Der Berufslehrpfad ist für folgende Zielsetzungen bedeutsam,**
01.	wenn die Lerner das Gebäude/ die Institution Wirtschaftskammer und WIFI kennen lernen sollen;
02.	wenn die Lerner persönlichen Erstkontakt mit dem BIBS haben sollen;
03.	wenn bei den Lernern spezielle Interessen (zB Ausbildung im Dualsystem) entwickelt werden sollen;
04.	wenn der Lerner Einsicht bekommen soll in die Ausbildungs- und Weiterbildungsmöglichkeiten des Dualsystems;
05.	wenn vermittelt werden soll, dass im Internet die Möglichkeit besteht, sich über Berufe, Schulen, Kurse, Schul- und Berufswahl, Tests, Lehrstellenangebote zu informieren;
06.	wenn gezielter Umgang mit dem Medium Internet angesprochen werden soll;

Fortsetzung von Tab. 09

07.	wenn das Internet als Informationsmedium für die Berufs- und Schulwahl etabliert werden soll;
08.	wenn die Lerner andere Personen mit Lehrfunktion kennen lernen sollen, damit sie die Tätigkeit ihrer Lehrperson besser evaluieren können;
09.	wenn die Lerner mit Experten sprechen und diskutieren sollen, mit denen sie bisher keinen persönlichen Kontakt hatten.

4.4.3.3.3 Gruppentests und Einzelberatungen

Definition. Mit Gruppentest und Einzelberatung ist gemeint, dass berufswählende Lerner der 7. und 8. Schulstufe sich einem psychologischen Testset, welches aus (a) Eignungs-, (b) Neigungs-, (c) Persönlichkeits- und Fähigkeitstests besteht, unterziehen und nach der Auswertung einzeln ein intensives Beratungsgespräch, bei welchem die Anwesenheit der Eltern erwünscht ist, mit einem Berufspsychologen führen.

Tab. 10: Generelle Indikation

A	**Die Durchführung von Gruppentests und Einzelberatungen ist unter folgenden Voraussetzungen sinnvoll,**
01.	wenn der Berufspsychologe in der Lage ist die Auswertungsergebnisse den Eltern/ Lernern in verständlicher Sprache mitzuteilen;
02.	wenn der Berufspsychologe in der Lage ist die Auswertungsergebnisse unter Beachtung der individuellen Wünsche der Lerner in der Beratung zu besprechen;
03.	wenn der Berufspsychologe über ein breites Spektrum an Informationen über für den Lerner in Frage kommende Schulen und Berufe Bescheid weiß;
04.	wenn der Berufspsychologe über die aktuelle arbeitsmarktpolitische Situation, Zukunftsberufe und Trends (zB Arbeiten auf Werkvertragsbasis, Teleworking) Bescheid weiß;
05.	wenn die zu testenden und zu beratenden Lerner auf freiwilliger Basis teilnehmen und somit ein gewisses Ausmaß an individuellem Interesse gewährleistet ist;
06.	wenn die Lerner Test und Beratung unter dem Aspekt der Hilfestellung für Schul- und Berufswahl sehen;

Fortsetzung von Tab. 10

07.	wenn die Eltern an der beruflichen Zukunft ihrer Kinder wohlwollend interessiert sind.
B	**Gruppentests und Einzelberatungen sind für folgende Zielsetzungen bedeutsam,**
01.	wenn mittels Testverfahren berufsspezifische Fähigkeiten und Interessen des Lerners erhoben werden sollen;
02.	wenn die Lerner ihre eigene Leistungsfähigkeit und Belastbarkeit in Testsituationen erleben und erkennen sollen;
03.	wenn Wünsche und Erwartungen des Lerners/ der Eltern durch die Ergebnisse des Tests evaluiert werden sollen;
04.	wenn die Eltern ihren Einfluss auf die Schul- oder Berufswahl erkennen sollen;
05.	wenn die Eltern ihren Einfluss auf die Schul- oder Berufswahl überdenken sollen;
06.	wenn die Lerner neue Aspekte in ihren Entscheidungsprozess einfließen lassen sollen.

4.4.3.3.4 „Abenteuer Beruf"

Definition. Mit „Abenteuer Beruf" ist die praktische, eintägige Erprobung des Wunschberufs in Gruppen zu maximal zehn Lernern in den WIFI-Werkstätten (zB Holzwerkstätte, Metallwerkstätte, Kfz-Werkstätte, Kleidermacher und Tapeziererwerkstätte, Dekorateurwerkstätte, Friseurwerkstätte, Massage-Kosmetikwerkstätte, Tourismuszentrum) unter der Leitung eines pädagogisch geschulten Werkstättenleiters gemeint.

Tab. 11: Generelle Indikation

A	**Die Durchführung des „Abenteuers Beruf" ist unter folgenden Voraussetzungen sinnvoll,**
01.	wenn die pädagogisch geschulten Werkstättenleiter in der Lage sind mit Lernern kindgerecht umzugehen;
02.	wenn die pädagogisch geschulten Werkstättenleiter selbst gerne ihren Beruf ausüben und diese Begeisterung an die Lerner weitergeben wollen;
03.	wenn genügend Arbeitsplätze und Arbeitsmaterialien vorhanden sind;
04.	wenn die Lerner Interesse und Neugier für den Beruf mitbringen;
05.	wenn die Lerner auf das „Abenteuer Beruf" von Seiten der Lehrperson vorbereitet wurden;

Fortsetzung von Tab. 11

06.	wenn die erstellten Produkte repräsentativ für den Beruf sind und nicht seltenes Zusatzprogramm darstellen;
07.	wenn intensive Auseinandersetzung mit den Lernern und Betreuung der Lerner gewährleistet ist;
08.	wenn eine sinnvolle Einbettung des „Abenteuers Berufs" in den Unterricht vorhanden ist;
09.	wenn sich die Lerner bewusst sind, welche Chancen und Einsichten ihnen ermöglicht werden.
B	**Das „Abenteuer Beruf" ist für folgende Zielsetzungen bedeutsam,**
01.	wenn Lerner einen Arbeitsprozess in dem für sie interessanten Beruf durchführen sollen;
02.	wenn Lerner mit einem pädagogisch geschulten Werkstättenleiter über den Beruf sprechen können sollen;
03.	wenn Lerner mit Arbeitsgeräten und -abläufen des Berufs vertraut werden sollen;
04.	wenn Lerner ein repräsentatives Produkt eines bestimmten Berufs herstellen sollen;
05.	wenn Lerner eine berufsspezifische Werkstätte kennen lernen sollen;
06.	wenn Lerner auditive, visuelle und kinästhetische Eindrücke mit nach Hause nehmen sollen;
07.	wenn bestimmte Denkabläufe bei den Lernern erzielt werden sollen;
08.	wenn ein den Begabungen des Lerners entsprechender oder nicht entsprechender Berufswunsch überdacht, evaluiert werden soll.

4.4.3.3.5 Bewerbungstraining

Definition. Mit Bewerbungstraining ist ein dreistündiges Training an Schulen gemeint, in dem ein für die jeweilige Schulklasse nach Absprache mit den Lehrpersonen maßgeschneidertes Programm aus den Bereichen (a) nonverbale und verbale Kommunikation, (b) Strategien zur Arbeitssuche, (c) erfolgreiche Verhaltensmuster, (d) persönliche Stärken und Schwächen, (e) Arbeitsmarkt, etc. unter Einsatz verschiedener didaktischer Vermittlungs- und Trainingselemente (zB ausbildungsorientiertes Rollenspiel) von einem Berufspädagogen ausgeführt wird.

Tab. 12: Generelle Indikation

A	**Die Durchführung von Bewerbungstrainings ist unter folgenden Voraussetzungen sinnvoll,**
01.	wenn der Berufspädagoge selbst den Bewerbungsprozess von Seiten des Arbeitgebers und Arbeitnehmers erlebt hat;
02.	wenn der Berufspädagoge in der Lage ist, relevante Medien (zB Videokamera) gezielt einsetzen zu können;
03.	wenn der inhaltliche Rahmen des Bewerbungstrainings mit der Lehrperson genau abgesteckt wurde;
04.	Wenn der Berufspädagoge über das Vorwissen der Lerner informiert ist;
05.	wenn die Lerner auf das Bewerbungstraining von Seiten der Lehrperson inhaltlich entsprechend vorbereitet wurden;
06.	wenn die Lerner von der Notwendigkeit gezielter Bewerbung überzeugt sind und Interesse haben;
07.	wenn die Lerner die Bereitschaft mitbringen bei Übungen aktiv mitzutun;
08.	wenn den Lernern und Lehrpersonen bewusst ist, dass ein dreistündiges Training nur der Beginn der Auseinandersetzung mit diesem Thema sein kann.
B	**Das Bewerbungstraining ist für folgende Zielsetzungen bedeutsam,**
01.	wenn die Lerner über ihre eigene Person kommunizieren können sollen;
02.	wenn die Lerner mit potentiellen Arbeitgebern mündlich und schriftlich Kontakt aufnehmen können sollen;
03.	wenn die Lerner Verantwortung für sich selbst übernehmen können sollen;
04.	wenn die Lerner im Bewerbungsprozess möglichst belastbar und stressresistent sein sollen;
05.	wenn die Lerner einzelne Schritte im Bewerbungsprozess selbstständig und zielstrebig koordinieren und organisieren können sollen;
06.	wenn die Lerner durch Videoanalyse ihre Wirkung auf andere erleben sollen;
07.	wenn die Lerner ihr eigenes Verhalten kritisch und analytisch überdenken sollen;
08.	wenn die Lerner im Bewerbungsprozess kreativ handeln können sollen;
09.	wenn die Lerner ihre Bewerbungsunterlagen kreativ gestalten können sollen;

Fortsetzung von Tab. 12

10.	wenn die Lerner eigenständig Informationsbeschaffung vornehmen und diese bewerten können sollen;
11.	wenn die Lerner Selbst- und Fremdkritik annehmen können sollen;
12.	wenn sich die Lerner für das Erreichen einzelner Schritte im Bewerbungsprozess ein eigenes individuelles Belohnungssystem schaffen können sollen.

4.4.3.3.6 Betriebsexkursionen

Definition. Mit Betriebsexkursion ist gemeint, dass die berufswählenden Lerner in Form einer Realbegegnung in einem Unternehmen Beobachtungen machen, Eindrücke visueller, auditiver, kinästhetischer Art mitnehmen und sich kognitiv auseinandersetzen mittels klar formulierter Arbeitsaufträge, Fragen und eines abschließenden, schriftlichen Exkursionsberichts mit dem Ziel Einblick in verschiedene Berufe und Betriebe zu gewinnen, den Bezug zu Wirtschaft zu fördern und durch Reflexion das aus dem Erfahrenen Gelernte in den eigenen Lebensplan einfließen zu lassen.

Tab. 13: Generelle Indikation (in Anlehnung an Schwendenwein, 41, S. 244)

A	Die Durchführung von Betriebsexkursionen ist unter folgenden Voraussetzungen sinnvoll,
01.	wenn das Besuchsprogramm vorliegt, das die Lehrperson nach Möglichkeit schon selbst kennt;
02.	wenn die Lerner inhaltlich auf das Exkursionsziel vorbereitet wurden;
03.	wenn die Entfernung des Exkursionsorts mit Dauer und Intention des Exkursionsprogrammes in angemessener Relation steht;
04.	wenn ein Ersatztermin wegen unvorhersehbarer Ereignisse abgesprochen wurde;
05.	wenn Haupt- und Ersatztermin von einem Beauftragten des Exkursionsziels schriftlich bestätigt worden sind;
06.	wenn der Betrieb, der besichtigt wird, ein Gewerbe ausübt und ein Exkursionsprogramm bietet, das richtungsweisend für die Berufswahl der Lerner ist, beispielsweise neue zukunftsweisende Berufe, Berufe mit Fachkräftemangel, etc.

Fortsetzung von Tab. 13

07.	wenn von Seiten der Lerner Interesse am Exkursionsbetrieb gezeigt wurde oder aufgrund des Exkursionsprogramms zu erwarten ist;
08.	wenn der von Seiten des Exkursionsbetriebs Verantwortliche und das Exkursionsprogramm Durchführende von sich aus bestrebt ist den Lernern Erfahrungen und Eindrücke vermitteln zu wollen, die ihnen auf dem Weg der Schul- und Berufswahl von Nutzen sein können;
09.	wenn von Seiten des für den Exkursionsbetrieb Verantwortlichen und das Exkursionsprogramm Durchführenden Engagement für den Betrieb und seinen eigenen Berufsvollzug besteht.
B	**Betriebsexkursionen sind für folgende Zielsetzungen bedeutsam,**
01.	wenn die Lerner Erfahrungen mit Realobjekten sammeln sollen;
02.	wenn die Lerner Arbeitsbedingungen wie Lärm, Staub, Betriebsklima, etc. erleben sollen;
03.	wenn die Lerner reale Arbeitsabläufe beobachten und dokumentieren sollen;
04.	wenn die Lerner Experten über Berufsvollzug, Weiterbildungsmöglichkeiten, etc. interviewen sollen.

4.5 Positionierung berufspädagogischer Maßnahmen im Berufswahlmodell

Tab. 14: Konkrete Positionierung der Maßnahmen des ESF-Projekts „Bildungsberatungsoffensive" im Berufswahlmodell

	Phase des Berufswahlmodells	**BIBS - Maßnahme**
1.	Informationssammlung	Vortragsserie
2.	Erfahrungssammlung	Berufslehrpfad Betriebsexkursion „Abenteuer Beruf"
3.	Informationsverarbeitung	Test und Beratung
4.	Sammlung von Pro- und Kontraargumenten sowie deren Gewichtung	
5.	Rationale Entscheidung	Bewerbungstraining
6.	Berufs- oder Ausbildungseinmündung	

Anmerkung. Die Phase der Informationsverarbeitung erfolgt in den einzelnen Maßnahmen jeweils in der Endphase und dient somit als Ansatz für die Informationsverarbeitung und Sammlung von Pro- und Kontraargumenten, welche in der Schule im Berufsorientierungsunterricht erfolgt. Hilfestellung bei der individuellen Informationsverarbeitung bietet der BIBS in Form von Beratungsgesprächen an.

4.6 Ressourcen

4.6.1 Personelle Ressourcen

4.6.1.1 Organisation

Der BIBS wird von einer Psychologin geleitet, deren Arbeitsbereich folgende Tätigkeiten umfasst:

Tab. 15: Tätigkeiten aus dem Arbeitsbereich der BIBS Leiterin

01.	Terminvereinbarung, telefonische und persönliche Erstkontakte
02.	Gespräche mit berufswählenden Lernern zur Information und Orientierung
03.	Arbeitsplatzvermittlung (auf Wunsch)
04.	Durchführung, Auswertung, Interpretation von psychologischen Tests sowie Gespräch mit dem berufswählenden Lerner über die Ergebnisse
05.	Unternehmerarbeit, dh Sensibilisierung für (1) den Berufswahlprozess, (2) Betriebsexkursionen, (3) wirtschaftlichen Nutzen, etc.
06.	Elternarbeit, dh Sensibilisierung für (1) den Berufswahlprozess inklusive des beachtlichen Einflusses der Mutter auf die Berufswahl (vgl dazu Kapitel 1), (2) Information über weiterführende Schulen, Lehrberufe, Arbeitsmarktsituation in Form von Vorträgen, etc.
07.	Jugendarbeit in Form der Bildungsberatungsoffensive
08.	Vortragen in der Lehrerausbildung und -weiterbildung
09.	Vortragen in der Weiterbildung des Trainer- und Beraterteams
10.	Vermittlung des Umgangs mit Informationen
11.	Recherchieren, Führen und Aktualisieren von berufskundlichen Link-Verzeichnissen
12.	Sammeln von Informations-Printmaterialien
13.	Öffentlichkeits- und Pressearbeit
14.	Dokumentation der Tätigkeiten des BIBS
15.	Repräsentation bei Berufsinformationsmessen

Im organisatorischen Bereich wird die Leiterin von einer Sekretärin unterstützt, welche für (a) Terminorganisation und Koordination, (b) Trainerakquirierung und (c) Testauswertung verantwortlich ist. Die Umsetzung der Angebote und Aktivitäten des BIBS erfolgt durch ein Trainer- und Beraterteam von (a) Berufspsychologen, (b) Berufspädagogen und (c) pädagogisch geschulten Werkstättenleitern.

4.6.1.2 Trainer- und Beraterteam

Tab. 16: Einsatzbereich nach Berufsgruppen

	Einsatzbereich	Ausführende
1	Testleitung	Berufspsychologen
2	Einzelberatung	Berufspsychologen
3	Vortragsserie zur Schul- und Berufswahl	Berufspsychologen Berufspädagogen
4	Berufslehrpfad	Berufspädagogen
5	„Abenteuer Beruf"	Pädagogisch geschulte Werkstättenleiter
6	Bewerbungstraining	Berufspädagogen
7	Betriebsexkursionen	Verantwortlicher von Seiten des Exkursionsbetriebs

Berufspsychologen. Die Berufspsychologen sind freie Mitarbeiter und arbeiten auf Werkvertragsbasis in den Bereichen (1) Testleitung, (2) Einzelberatung und (3) Vortragsserie. Voraussetzung für die Aufnahme in das Trainerteam ist (a) ein abgeschlossenes Psychologiestudium, (b) Berufserfahrung, (c) Mindestalter (25 Jahre), (d) Zusatzqualifikationen (zB Ausbildung im therapeutischen Bereich, Mediation, Coaching) (e) Kommunikationsfähigkeit (vor allem mit heranwachsenden Lernern) und (f) die Bereitschaft zu laufender Weiterbildung.

Berufspädagogen. Die Berufspädagogen sind freie Mitarbeiter und arbeiten auf Werkvertragsbasis in den Bereichen (a) Vortragsserie zur Schul- und Berufswahl, (b) Berufslehrpfad und (c) Bewerbungstraining. Voraussetzung für die Aufnahme in das Trainerteam ist (a) ein abgeschlossenes Pädagogik- oder Lehramtsstudium, (b) Berufserfahrung im pädagogischen Bereich (Trainingsbereich oder Schule) sowie Erfahrung im Umgang mit und Unterricht von Kindern, (c) Mindestalter (25 Jahre), (d) Zusatzqualifikationen (zumindest wünschenswert) und (e) Bereitschaft zu laufender Weiterbildung.

Pädagogisch geschulte Werkstättenleiter. Die pädagogisch geschulten Werkstättenleiter sind freie Mitarbeiter und arbeiten auf Werkvertragsbasis für die Maßnahme „Abenteuer Beruf". Voraussetzung für die Aufnahme in das Trainerteam ist (a) eine abgeschlossene Berufsausbildung in Form einer Gesellen- und/ oder Meisterprüfung, (b) facheinschlägige Berufserfahrung oder Erfahrung zumindest aus einem verwandten Berufsbereich, (c) Mindestalter (25 Jahre) und (d) Kommunikationsfähigkeit (vor allem mit heranwachsenden Lernern).

4.6.2 Räumliche Ressourcen

An Räumlichkeiten sind zu nennen: (a) das Sekretariat, (b) das Büro der Leiterin des BIBS, welches auch als Beratungszimmer dient, (c) ein Testraum, der als Vortragssaal verwendet werden kann und der mit dem Wiener Testsystem zur computergestützten Diagnostik und Therapie (der Dr. G. Schuhfried GmbH) ausgestattet ist sowie (d) der multimediale Berufsinformationsraum, der neben einer umfangreichen Sammlung an Berufsinformationsmaterialen (Printmedien) zehn Hochleistungscomputer und zwei Leseecken aufweist.

Für Maßnahmen wie psychologische Tests, Bewerbungstraining und den Seminarteil des Berufslehrpfades können die modern ausgestatteten Lehrsäle des WIFI benützt werden. Die Werkstätten und Arbeitsräume aus dem Gewerblichen Dualsystem, welche für das „Abenteuer Beruf" genutzt werden, sind so konzipiert und ausgestattet, dass sie den für die Vorbereitung der Lehrabschluss-, Gesellen- und Meisterprüfung sowie auch für spezielle Weiterbildungskurse vorgeschriebenen Standards entsprechen.

Der Berufsinformationsgang befindet sich auf der Besucherebene und dem darüber liegenden Gang und ist mit Schautafeln über Lehrberufe des Gewerblichen Dualsystems ausgestattet, an welchen Berufsbeschreibungen in Wort und Bild festgehalten sind. Der BIBS ist auch mit einem Informationsstand bei Messen (zB „Inform" in Oberwart) und beim zweimal jährlich stattfindenden „WIFI-Semesteropening" (in Eisenstadt und Oberwart) präsent.

4.6.3 Ressourcen berufskundlichen Informationsmaterials

Im multimedialen Berufsinformationsraum liegen allgemeine Berufsinformationsmaterialien (zB Berufslexika und Broschüren des AMS zu den

Bereichen (a) Anlernberufe, (b) Lehrberufe, (c) Sekundärberufe, (d) akademische Berufe, (e) postsekundäre Berufe, (f) weiterbildende Institutionen und (g) Zusatzausbildungen), 76 Ordner über Lehrberufe des Gewerblichen Dualsystems, 77 berufskundliche Videofilme des WIFI-Filmdienstes, 64 Ordner über schulische Ausbildungsmöglichkeiten, 47 Ordner über Fachhochschulstudiengänge sowie Broschüren zur Selbstdarstellung des BIBS auf. Zwei Leseecken stehen neben einer kostenlosen Kopiermöglichkeit zur Verfügung.

Neben der umfangreichen Sammlung von Printmedien können die mit berufskundlichen Filmen des WIFI-Filmdienstes ausgestattete Videothek wie auch das Berufsinformations-Computer-Programm (BIC) des Instituts für Bildungsforschung der Wirtschaft (IBW) sowie kostenlose und freie Internetzugänge zur Informationsrecherche durch bereitgestellte Webadressen zur Beruf- und Bildungsinformation genutzt werden. Informationen und Datensammlungen zu folgenden Inhalten können im BIBS in Erfahrung gebracht werden: (1) Tipps zur Berufswahl, (2) Neigungstests, (3) Berufsbeschreibungen von Berufen unterschiedlicher Ausbildungsebenen, (5) das Österreichische Bildungswesen, (6) Beschreibungen unterschiedlicher Schultypen, (7) Tipps für den Bewerbungsprozess, (8) Tipps für den Berufseinstieg, (9) Literaturtipps zum Thema Berufsorientierung, Berufswahl sowie Bewerbungsprozess wie auch (10) Kontaktadressen und Broschüren österreichischer Institutionen, die Hilfe oder Auskunft über Möglichkeiten der beruflichen Erstqualifikation wie auch Weiterbildung anbieten.

4.7 Entwicklung des BIBS

Im Jahr 1999 nahmen (s. Abb. 03) 60 berufswählende Lerner am Bewerbungstraining teil, 36 Firmen ließen 100 Lehrlinge auf ihre Eignung testen, 166 berufswählende Lerner ließen sich beraten, 180 berufswählende Lerner nahmen am „Abenteuer Beruf" teil, 500 berufswählende Lerner besuchten die Vortragsserie, 1.005 berufswählende Lerner wurden an Schulen getestet und beraten und 1.450 nahmen an der Maßnahme „Berufslehrpfad" teil (vgl. BIBS, Jahresbericht 1999).

Abb. 03: Teilnehmeranzahl 1999 an den einzelnen BIBS- Maßnahmen

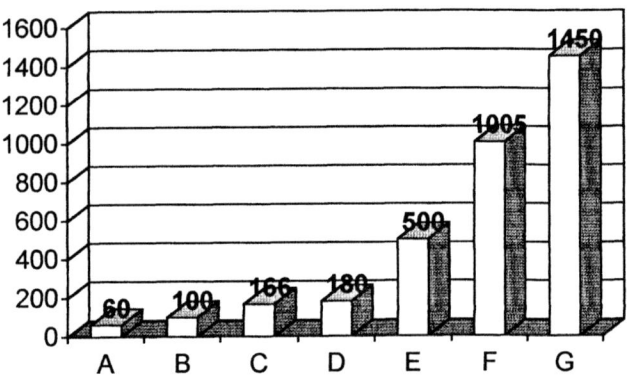

Ein kontinuierliches Ansteigen der Besucherfrequenz (s. Abb. 04) und somit in weiterer Folge der angebotenen Maßnahmen ist eindeutig (vgl. BIBS, Jahresbericht 1999). Die Initiierung des Unterrichtsfaches „Berufsorientierung" in der Sekundarstufe 1 trägt zum Ansteigen der Teilnehmer an den Maßnahmen bei, da Lehrpersonen von allgemein höherbildenden Schulen, Hauptschulen und Polytechnischen Schulen das Angebot des BIBS wohlwollend aufnehmen. Um angehenden Lehrlingen den Start zu erleichtern, wird seit dem Schuljahr 1999/2000 die Maßnahme „Bewerbungstraining" für die Absolventen der Sekundarstufe 1 angeboten und mit dem Schuljahr 2000/2001 auch den Absolventen von allgemein höherbildenden Schulen und berufsbildenden höheren Schulen angeboten. Weiters besteht auch für diese Altersgruppe die Möglichkeit aus der gesamten Maßnahmenpalette auszuwählen. Um bereits die Lerner der Volksschulen auf die Schul- und Berufswahl vorzubereiten, ist ein Berufslehrpfad für Volksschulkinder in Planung. Aufgrund der positiven Rückmeldungen der Lehrpersonen und berufswählenden Lerner ist mit deren Wirkung als Multiplikatoren zu rechnen.

Abb. 04: Gesamtteilnehmeranzahl an den BIBS- Maßnahmen von 1996 - 1999

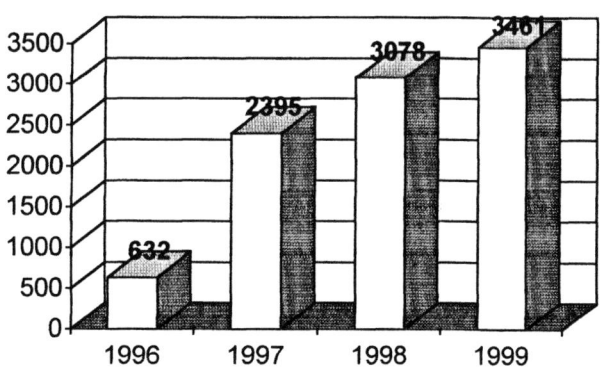

4.8 Zusammenfassung

Der Berufsinformations- und Bildungsberatungsservice ist eine Anlaufstelle für interessierte Lerner ab der 7. Schulstufe. Für folgende Gruppen aus diesem Pool interessierter Lerner gibt es konkrete Angebote: (a) Privatpersonen, welche die Möglichkeiten der Einzelberatung und Selbstinformation, (b) Unternehmen, welche die Berufseignungsaustestung für potentielle Lehrlinge und (c) Schulen, welche ein umfassendes Berufswahlprogramm mit Prozesscharakter in Anspruch nehmen wollen. Das Berufswahlprogramm bietet für folgende Phasen des Berufswahlmodells Maßnahmen an: für (1) die Informationssammlung die Vortragsserie, Vortragsteil des Berufslehrpfades sowie die Selbstinformation, (2) für die Erfahrungssammlung den Berufslehrpfad, Betriebsexkursionen sowie das „Abenteuer Beruf", in den weiteren Phasen (3) für die Informationsverarbeitung, (4) für die Sammlung von Pro- und Kontraargumenten sowie deren Gewichtung und (5) für die rational-autonome Entscheidung deckt der BIBS Teilbereiche in den Endphasen der genannten Maßnahmen ab, weiters erfolgt eine individuelle Schwerpunktsetzung im dialogischen Beratungsgespräch, zusätzlich besteht die Möglichkeit weitere Beratungsgespräche zu diesem Zwecke zu vereinbaren. Vor der Phase (6) der Berufseinmündung bietet der BIBS die Maßnahme Bewerbungstraining an. Das im Berufswahlprogramm angebotene Bewerbungstraining ist als wertvoller Impuls für das Bewusstwerden der Bedeutung und des Stellenwertes einer erfolgreichen Bewerbung und für das Wecken von Interesse am Besuch eines Bewerbungstrainings-Lehrganges zu sehen. Der kontinuierliche Anstieg der Teilnehmeranzahl an den einzelnen Maßnahmen lässt auf hohe Zufriedenheit mit den BIBS Angeboten schließen.

5 ZUSAMMENFASSENDE DARSTELLUNG DER ARBEIT MIT SCHLUSSBEMERKUNGEN

Die vorliegende Arbeit setzte sich im Besonderen mit der Schaffung eines fachtheoretischen und eines fachpraktischen Ausbildungscurriculums für den Bereich Bewerbungstraining auseinander. Das Wissen um den Berufswahlprozess, um Berufswahltheorien sowie rational-autonomes Entscheidungsverhalten ist für die Lehrperson in berufspädagogischen Vorbereitungsmaßnahmen unbedingte Voraussetzung um einerseits professionellen Berufsvollzug zu gewährleisten und andererseits Ursachen für Verhalten sowie Einstellungen berufswählender Lerner nachvollziehen und gezielt unterstützende Interventionen setzen zu können.

Berufswahl ist ein äußerst komplexer Prozess zwischen dem berufswählenden Lerner und seiner Umwelt, in dessen Verlauf sich der berufswählende Lerner im Rahmen der Informationssammlung mit seiner eigenen Persönlichkeit, mit möglichen schulischen Ausbildungswegen oder Berufen, mit den Chancen in seinem Wunschberuf am Arbeitsmarkt bestehen zu können und den Determinanten des Berufswahlprozesses auseinandersetzt. Besonderer Stellenwert kommt im Berufswahlprozess der Informationsverarbeitung zu, dh der ernsthaften Auseinandersetzung mit den gesammelten Informationen unter Einbeziehung der eigenen Wünsche, Erwartungen sowie Vorstellungen. Die Phase der Informationsverarbeitung erfordert vom Lerner ein hohes Ausmaß an Verarbeitungsmethoden. Während des Entscheidungsprozesses sind die ständige Reflexion und Adaptierung des Erfahrenen und Aufgenommenen auf die eigene subjektive, individuelle Situation von großer Bedeutung. Außerdem von Vorteil ist eine möglichst große Pluralität an Informationen, die ein berufswählender Lerner über einen bestimmten Beruf hat, um diese aufzulisten und als Pro- oder Kontraargument zu klassifizieren. Die Pro- und Kontraargumente sollen (a) schriftlich gesammelt, (b) gegenübergestellt und (c) gewichtet werden, beispielsweise nach den Kriterien für mich sehr wichtig, wichtig, unwichtig. Diese Vorgehensweise dient als Basis für eine rational-autonome Entscheidung am Ende des Prozesses, der wie sämtliche andere Prozesse, die während der Berufswahl entstehen beziehungsweise die unterschiedlichsten endogenen und exogenen Faktoren, die die Berufswahl bestimmen, von Berufswahltheorien auf Basis systematischer Analyse erklärt wird. An den Fallbeispielen Doktoratsstudium und Hausbau wird aufgezeigt, wie durch die oben genannte Informationsverarbeitung eine Entscheidung auf rationaler Basis unter Anwendung des Entscheidungsprofils getroffen wird.

Quantität wie auch Qualität der Pro- und Kontraargumente stehen in Zusammenhang mit der Intensität der Informationsverarbeitung wie auch mit dem Intellekt. Die Qualität des Informations- und Entscheidungsverhaltens ist ein gewichtiger Faktor für das Treffen der rational-autonomen Berufswahlentscheidung. Emotionen, Identitätsentwicklung, selektive, spontane und systematische Informationsaufnahme, kognitive Verzerrung, Risikoverhalten sowie Wünsche und vorgefasste Meinungen sind als Einflussfaktoren auf die Qualität des Informations- und Entscheidungsverhaltens zu nennen.

Die rational-autonome Entscheidung bleibt so lange aufrecht und stabil, bis ein neues, vorher nicht angedachtes Argument eingebracht wird, welches nach Überprüfung und darauf folgender Gewichtung vom Lerner als relevant für seine Entscheidung eingestuft wird und ihn veranlasst, seine Argumentation bzw die Gewichtung der Argumente zu verändern und eventuell eine neue Entscheidung zu treffen. Erst wenn der Lerner eine rational-autonome sowie stabile Berufswahlentscheidung getroffen hat, ist der Besuch des Lehrgangs Bewerbungstraining sinnvoll, da der Lerner nun sein Hauptaugenmerk gänzlich auf die zu entwickelnden Teilkompetenzen wie auch auf den Bewerbungsprozess lenken kann.

Ziele des Bewerbungstrainings sind (a) das Entwickeln einer persönlichen Bewerbungsstrategie, (b) das Umsetzen einer optimalen, authentischen Verkaufsstrategie sowie (c) die Minimierung von Fehlern. Durch die erlernten Kenntnisse und Fertigkeiten soll der Lehrgangsteilnehmer in der Lage sein seinen Bewerbungsprozess so zu gestalten, dass dieser in der erfolgreichen Berufseinmündung endet. Dies wird erreicht durch die Schwerpunktsetzung im Ausbildungscurriculum auf Persönlichkeitsbildung, Bewusstmachen von Verhaltens- und Kommunikationsmustern, von Erwartungen potentieller Arbeitgeber und der Gesellschaft sowie von Berufsanforderungsprofilen. Die Curriculumeinheiten des fachtheoretischen und fachpraktischen Ausbildungscurriculums beschäftigen sich primär mit den folgenden Themen: Kommunikation und Präsentation, Entspannungsübungen, schriftliche Bewerbung, Telefontraining sowie Vorstellungsgespräch, da diesbezüglich mangelnde Kompetenz bei Lernern feststellbar ist und somit Handlungsbedarf besteht.

Nach Absolvierung des Lehrgangs soll der Lehrgangsteilnehmer die in den Präliminarien definierten Teilkompetenzen (zB zielstrebig arbeiten können, eigenständig Informationen beschaffen können, Verantwortung für sich selbst übernehmen können) in dem Ausmaß erworben haben, sodass er nunmehr ohne Trainer selbst im Bewerbungsprozess erfolgreich bestehen kann. Für das Training bedeutet das, dass die im Ausbildungscurriculum definierten didaktisch-methodischen Grundsätze für den fachtheoretischen Unterricht sowie für den fachpraktischen Unterricht unbedingt eingehalten werden müssen, wenn die vom Lehrgangsteilnehmer erwünschte Gesamtqualifikation am Ende des Lehrgangs erreicht werden soll. Voraussetzung dafür ist die erfolgreiche Umsetzung durch Trainer, welche die in den Kennzeichen professionellen Trainerberufsvollzugs festgelegten Kriterien erfüllen.

Der Berufsinformations- und Bildungsberatungsservice ist eine Anlaufstelle für interessierte Lerner ab der 7. Schulstufe. Für folgende Gruppen aus diesem Pool interessierter Lerner gibt es konkrete Angebote: (a) Privatpersonen, welche die Möglichkeiten der Einzelberatung und Selbstinformation, (b) Unternehmen, welche die Berufseignungsaustestung für potentielle Lehrlinge und (c) Schulen, welche ein umfassendes Berufswahlprogramm mit Prozesscharakter in Anspruch nehmen wollen. Das Berufswahlprogramm bietet für folgende Phasen des Berufswahlmodells Maßnahmen an: für (1) die Informationssammlung die Vortragsserie, Vortragsteil des Berufslehrpfades sowie die Selbstinformation, (2) für die Erfahrungssammlung den Berufslehrpfad, Betriebsexkursionen sowie das „Abenteuer Beruf", in den weiteren Phasen (3) für die Informationsverarbeitung, (4) für die Sammlung von Pro- und Kontraargumenten sowie deren Gewichtung und (5) für die rational-autonome Entscheidung deckt der BIBS Teilbereiche in den Endphasen der genannten Maßnahmen ab, weiters erfolgt eine individuelle Schwerpunktsetzung im dialogischen Beratungsgespräch, zusätzlich besteht die Möglichkeit weitere Beratungsgespräche zu diesem Zwecke zu vereinbaren. Vor der Phase (6) der Berufseinmündung bietet der BIBS die Maßnahme Bewerbungstraining an. Das im Berufswahlprogramm angebotene Bewerbungstraining ist als wertvoller Impuls für das Bewusstwerden der Bedeutung und des Stellenwertes einer erfolgreichen Bewerbung und für das Wecken von Interesse am Besuch eines Bewerbungstrainings-Lehrganges zu sehen. Der kontinuierliche Anstieg der Teilnehmeranzahl an den einzelnen Maßnahmen lässt auf hohe Zufriedenheit mit den BIBS Angeboten schließen.

Abschließend sei festgehalten, dass Einrichtungen der beruflichen Aus- und Weiterbildung, die auf standardisierte Ausbildungscurricula und in der Folge auf professionell ausgebildete Trainer keinen Wert legen, indirekt die Jedermannsqualifikation unterstützen und somit keinen Beitrag zur Qualitätssicherung leisten. Standardisierte Ausbildungscurricula sind aus berufspädagogischer Sicht als absolut notwendig zu erachten und von nicht wegdiskutierbarer Bedeutung für professionellen Berufsvollzug.

6 LITERATURVERZEICHNIS

01. BAUER, R. (Hg): Lexikon des Sozial- und Gesundheitswesens. Oldenburg, München, 1992.
02. BERUFSBILDUNGSBERICHT 1999. Bundesministerium für wirtschaftliche Angelegenheiten (Hg), Wien, 1999.
03. BERUFSORIENTIERUNG UND BILDUNGSINFORMATION: Exkurs Berufswahlkriterien. Bundesministerium für Unterricht und Kunst (Hg), Wien, 1993.
04. BIFFL, G. & MAHRINGER, H.: Begleitende Evaluierung des Nationalen Aktionsplanes für Beschäftigung in Österreich im Jahr 1999. o.V., Wien, 1999.
05. BUNDESANSTALT FÜR ARBEIT (Hg): Handbuch zur Berufswahlvorbereitung. Medialog, Mannheim, 1992.
06. BUßHOFF, L.: Berufswahl: Theorien und ihre Bedeutung für die Praxis der Berufsberatung. Kohlhammer, Stuttgart, 1984.
07. DAHM, G. (Hg): Wörterbuch der Weiterbildung. Kösel, München, 1980.
08. DIE LEHRE: BERUFSAUSBILDUNG IN ÖSTERREICH. Bundesministerium für wirtschaftliche Angelegenheiten (Hg), Ungar, 6. Auflage, Wien, 1998.
09. EGLOFF, E.: Berufswahlvorbereitung. Lehrmittelverlag des Kantons Aargau, 8. Aufl., o.O., 1990.
10. FOBE, K. & MINX, B.: Berufswahlprozesse im persönlichen Lebenszusammenhang. IAB, Nürnberg, 1996.
11. GIDION, G.: Handbuch Weiterbildungsberatung für berufstätige Frauen sowie kleine und mittlere Unternehmen. Kleine, Bielefeld, 1995.
12. GUMPLMAIER, H. & PLATTNER, M.: Arbeit macht das Leben ... Berufsorientierung - ein Leben lang. Bohmann, Wien, 1996.
13. HARTMANN, D. & MOSLER, I.: Trainerpraxis konkret. Schneider, Hohengehren, 1998.
14. HÄRTEL, P.: Berufswahl - Schicksal oder Berufung? Institut für Bildungsforschung der Wirtschaft, Schriftenreihe Nr.101, Wien, 1995.
15. HAUSEGGER, T. & GROTTENTHALER - RIEDL, G.: Berufsorientierungsmaßnahmen in Diskussion. Vorläufiger Endbericht an das Bundesministerium für Arbeit und Soziales Abteilung III/13. Wien, 1995.
16. HINZ, K.: Handbuch Berufsplanung. Schäffer/Poeschel, Stuttgart, 1996.

17. JONKE-HAUPTMANN, E. & RAMMEL, B.: Einrichtungen zur Förderung der Berufswahlfähigkeit. Lang, Frankfurt/ Main, 1996.
18. KARRENBERG, F. (Hg): Evangelisches Soziallexikon. Kreuz, Stuttgart, 1965.
19. KELL, A.: Berufswahl. In: LENZEN, D: (Hg): Pädagogische Grundbegriffe (Bd 1). rororo, 4. Aufl., Reinbek, 1996, S. 180 - 191.
20. KREFT, D. & MIELENZ, I. (Hg): Wörterbuch Soziale Arbeit. Beltz, 4. Aufl., Weinheim, 1996.
21. LENZ, W. & SCHMIDL, W:: Bildungsberatung in der Erwachsenenbildung. Jugend und Volk, Wien, 1977.
22. LESCH, M. & FÖRDER, G.: Kinesiologie – Aus dem Streß in die Balance. Gräfe und Gunzer, 6. Auflage, München, 1998.
23. LIPPITT, G. & LIPPITT, R.: Beratung als Prozess. Was Berater und ihre Kunden wissen sollten. Rosenberger Fachverlag, Leonberg, 1995.
24. LITSCHEL, E.: Die Berufsberatung durch die Bundesanstalt für Arbeit. Goldener Turm Verlag, Regensburg, 1988.
25. LUCZAK, H. & VOLPERT, W. (Hg): Handbuch Arbeitswissenschaft. Schäffer/ Poeschel, Stuttgart, 1997.
26. MATHIS, K.: Berufe und Schulen in Österreich. hpt Breitschopf, 1. Aufl., Wien, 1996.
27. MEYER, H.: Unterrichtsmethoden II: Praxisband. Cornelsen, 5. Aufl., Frankfurt/ Main, 1995.
28. POLLMANN, T.: Beruf oder Berufung. Lang, Frankfurt/ Main, 1993.
29. POTOCNIK, R.: Entscheidungstraining zur Berufs- und Studienwahl. Huber, 1. Aufl., Bern, 1990.
30. RATGEBER FÜR LEHRLINGE - Teil 1. Bundesarbeiterkammer (Hg), Mainz, Wien, o.J..
31. ROMBACH, H. (Hg): Wörterbuch der Pädagogik (Bd 1). Herder, Freiburg, 1977.
32. SARGES, W. & BIRKHAN, G.: Analyse der beruflichen Einzelberatung. Bedarf, Vermittlung und Funktion von Informationen. IAB, Nürnberg, 1989.
33. SCHANNE, R.: Berufsanalyse als Weg zur fundierten Berufsorientierung. IAB, Nürnberg, 1990.
34. SCHAUB, H. & ZENKE, K.: Wörterbuch zur Pädagogik. dtv, München, 1995.
35. SCHMID, R. & KÄGI, B.: Beruflich weiterkommen. o.V., 1. Aufl., o.O., 1988.
36. SCHRÖDER, H.: Die Funktion und Rolle des Berufsberaters. IAB, Nürnberg, 1989.

37. SCHWENDENWEIN, W. & KLIESSPIESS, E.: Orientierung über berufliche Bildung und Arbeitswelt (OBBA) auf der Sekundarstufe 1. Erziehung und Unterricht, 1989/7, S. 453-461.
38. SCHWENDENWEIN, W.: Einführung in die Berufspädagogik. Institut für Erziehungswissenschaft, Wien, 1994.
39. SCHWENDENWEIN, W.: Pädagogische Grundlagen des Berufsvollzugs von Fahr(schul)lehrern. In: Schwendenwein, W. & Roula, W.: Fahrschullehrerausbildung. Lang, Frankfurt/ Main, 1996, S. 103-249.
40. SCHWENDENWEIN, W. (Hg): Facetten des österreichischen Ausbildungswesens. Lang, Frankfurt/ Main, 1997.
41. SCHWENDENWEIN, W.: Theorie des Unterrichtens und Prüfens. WUV, 7. Aufl., Wien, 2000.
42. SCHWENDENWEIN, W.: Prüfungsvorbereitung zur Vorlesung „Grundlagen beruflicher Qualifizierung". Lehrbehelf Nr. U 203 004 der Theresianischen Militärakademie (FHStg Militärische Führung), Wr. Neustadt, 2000.
43. SEDLAK, F.: 14 Jahre - und wie geht es weiter? Tipps und Tests zur Berufswahl. ÖBV, Wien, 1984.
44. SEDLAK, F.: Auf die Haltung kommt es an. o.V., Wien, 1999.
45. SEIFERT, K. (Hg): Handbuch der Berufspsychologie. Hogrefe, Göttingen, 1977.
46. SEIFERT, K.: Die Bedeutung der Beschäftigungsaussichten im Rahmen des Berufswahlprozesses. IAB, Nürnberg, 1982.
47. SEIFERT, K.: Berufswahl und Laufbahnentwicklung. In: FREY, D., HOYOS, C. & STAHLBERG, D. (Hg): Angewandte Psychologie. Ein Lehrbuch. Psychologie Verlags Union. München-Weinheim, 1988, S. 188 – 201
48. SPECK, J. & WEHLE, G. (Hg): Handbuch pädagogischer Grundbegriffe (Bd1). Kösel, München, 1970.
49. TIGGELERS, K.: Planspiel: Berufswahl. Bachem, 4. Aufl., Köln, 1984.
50. WEISBACH, C. & DACHS, U.: Mehr Erfolg durch Emotionale Intelligenz. Gräfe und Unzer, 4. Auflage, München, 1997.
51. ZIMBARDO, Ph.: Psychologie. Springer, 5. Auflage, Berlin, 1992.

7 Sachregister

A

„Abenteuer Beruf"	97, 105, 106, 109, 111, 112, 113, 115, 119
Arbeitgeber	52, 53, 63, 64, 71, 76, 82, 87, 88, 89, 90, 94, 107, 118
Arbeitnehmer	63, 64, 76, 87, 88, 89, 90, 107
Arbeitsmarktlage	23, 26, 66
Ausbildungscurriculum	56, 58, 63, 77, 94, 117, 118
- fachpraktisches	77
- fachtheoretisches	63
Ausbildungseinmündung	19, 32, 34, 109
Ausbildungspass	57, 58, 62, 94

B

Beratungsgespräch	28, 87, 104, 110, 115, 119
- dialogisches	24, 28, 97, 115, 119
Berufsanforderungsprofil	16, 19, 92, 94, 118
Berufsberatung	17, 19, 24, 25, 26, 27, 28, 95, 99
Berufseinmündung	22, 23, 29, 31, 37, 94, 115, 118, 119
Berufsinformations- und Bildungsberatungsservice	95, 96, 115, 119
Berufslehrpfad	97, 102, 103, 109, 111, 112, 113, 115, 119
Berufspädagogische Maßnahmen	38, 100
Berufswahl	15, 17, 18, 19, 20, 21, 22, 23, 24, 25, 26, 27, 28, 29, 31, 32, 33, 34, 35, 36, 37, 38, 40, 41, 62, 65, 96, 97, 98, 99, 100, 103, 104, 105, 108, 109, 110, 111, 113, 114, 115, 117, 118, 119
- als Prozess	18
- als Produkt	18
Berufswahldiagnostik	26
Berufswahlentscheidung	21, 22, 23, 24, 25, 28, 33, 36, 37, 38, 41, 62, 98, 118
Berufswahlmodell	109, 115, 119

Berufswahlprozess	15, 18, 19, 23, 26, 27, 28, 32, 34, 35, 36, 37, 65, 96, 98, 110, 117
Berufswahltheoretisches Orientierungswissen	19
Berufswahltheorien	15, 17, 19, 32, 40, 117
Betriebsexkursionen	97, 108, 109, 110, 111, 115, 119
Bewerbung	100, 106, 107, 108, 109, 111, 112, 113, 114, 115, 116, 117, 118, 119
- mündliche	21, 71
- schriftliche	71, 72, 74, 83, 84, 85, 94, 118
Bewerbungsstrategie	15, 52, 62, 94, 118
Bewerbungstraining	15, 16, 42, 52, 62, 91, 94, 97, 106, 107, 109, 111, 112, 113,114, 115, 116, 117, 118, 119
Bewerbungsunterlagen	52, 67, 72, 73, 76, 82, 83, 84, 85, 107
Bildungsberatung	96, 99
Blickkontakt	69, 78, 79

C

Curriculare Präliminarien	52

D

Didaktisch-methodische Grundsätze	56, 57, 58,
Didaktische Vermittlungselemente	49, 100
Diskussion	48, 63, 65, 67, 69, 70, 71, 72, 73, 75, 76, 101, 120

E

Einflussfaktoren	33, 34, 41, 72, 118
Einlehrervortrag	42, 43, 100
Einzelarbeit	45, 46, 58, 63
Einzelberatung	96, 97, 98, 104, 105, 111, 115, 119
Entscheidungsprofil	38, 39, 40, 117, 124
Entscheidungssituation	25, 33, 38
Entscheidungsverhalten	15, 33, 34, 36, 41, 117, 118
- rational-autonomes	15, 17, 18, 32, 33, 34, 35, 40, 41, 62, 71, 115, 117, 118, 119

Entspannungsübungen	82, 83, 84, 118
Erstberufswahl	21, 23
Erwartungen	18, 22, 23, 28, 32, 36, 37, 51, 52, 53, 54, 55, 63, 88, 94, 101, 103, 105, 117, 118

F

Fähigkeiten	18, 19, 20, 22, 26, 28, 36, 49, 50, 51, 53, 63, 64, 65, 81, 85, 92, 96, 98, 100, 105
Feedback	15, 25, 47, 49, 51, 53, 57, 60, 61, 79, 80, 87
- Selbstfeedback	60, 61, 81, 87, 94
- Fremdfeedback	50, 51, 60, 61, 79, 80, 94
Formalfundamentum	53

I

Informationsquellen	66, 67
Input	42, 45, 59
- audio-visueller	44
- Informationsinput	24, 42, 44, 57
- Personinput	42
- Textinput	44
Interkommunikatives Verarbeitungslernen	47

K

Kleingruppenarbeit	45, 46, 47, 58, 60
Kleinstgruppenarbeit	45, 46, 58, 60
Kommunikation	15, 22, 29, 47, 51, 52, 53, 68, 77, 91, 92, 94, 106, 111, 112, 118
- nonverbale	68, 106
- verbale	68, 106

L

Lehrergeleitetes Verarbeitungsgespräch	47
Lehrervortrag	42, 43, 64, 65, 67, 68, 70, 72, 74, 76, 77

P

Persönlichkeitsprofil	18, 19, 24, 25, 28
Persönlichkeitsstruktur	20, 52, 54
Präliminarien	52, 94, 118
Präsentation	43, 77, 81, 92, 93, 94, 118

Q

Qualifizierungsanforderungsprofil	19, 65, 66

R

Rollenspiel	48, 49, 50, 51, 60, 88, 89, 90, 106
- reproduzierend-kreatives	48
- ausbildungsorientiertes	50, 51, 59, 87, 88, 106

S

Schwächen	64, 65, 81
- persönliche	64, 65, 96, 106
Selbstinformation	96, 97, 98, 115, 119
Stärken	15, 64, 84, 96
- persönliche	62, 64, 65, 81, 106

T

Teilkompetenzen	53, 94, 118
Telefonieren	54, 74, 75, 86
Telefontraining	31, 86, 87, 94, 118
Tests	26, 30, 69, 70, 97, 103, 104, 105, 110, 112, 113
Trainerberufsvollzug	91, 92, 94, 119

U

Übungsplateaus	62
Unterricht	42, 45, 49, 56, 57, 91, 106, 110, 111, 114
- fachpraktischer	58, 94, 119
- fachtheoretischer	56, 57, 94, 119
Unterweisung	31, 49, 50, 64

V

Vermittlungselemente	42, 49, 57, 100
Vorstellungsgespräch	15, 51, 52, 54, 55, 59, 64, 65, 68, 69, 71, 86, 87, 88, 91, 94, 118
Vortragsserie	97, 100, 101, 109, 111, 113, 115, 119

Berufliche Qualifizierung

Herausgegeben von Werner Schwendenwein

Band 1 Edith Jonke-Hauptmann / Beatrix Rammel: Einrichtungen zur Förderung der Berufswahlfähigkeit. Ein innovativer und dokumentativer Beitrag zur vorberuflichen Bildung in Österreich. 1996.

Band 2 Erich Mohl: Anforderungsprofile in der Ausbildung von Maschinenbau-Ingenieuren (Pilotstudie). 1995.

Band 3 Heinz Florian: Anforderungen an den Beruf des Generalstabsoffiziers. 1996.

Band 4 Günter Essl: Weiterbildungspraxis in Großunternehmen. Eine Pilotstudie. 1996.

Band 5 Werner Schwendenwein / Wolfgang Roula (Hrsg.): Fahrschullehrerausbildung. Ihre rechtlich-pädagogischen Grundlagen in Österreich. 1996.

Band 6 Werner Schwendenwein (Hrsg.): Facetten des österreichischen Ausbildungswesens. 1997.

Band 7 Karin Beisteiner: Die berufliche Integration geistig behinderter Menschen. 1998.

Band 8 Monika Wagner-Haselbauer: Ausbildung zum Volksschullehrer. Qualifizierungsanforderungen an den Pädagogischen Akademien Österreichs. 1999.

Band 9 Sandra Schlossar: Berufsbildungssysteme in Österreich und Kroatien. Ein Vergleich. 2001.

Band 10 Reinhilde Klusacek: Berufsleitbild österreichischer GrundschullehrerInnen. Interpretationsversuche mit kritischem Kommentar. 2001.

Band 11 Leopold Burger: Das Aufgaben- und Rollenbild der Schulaufsicht im Wandel. 2002.

Band 12 Franz Josef Michael Mayr: Freizeit- und Seniorenanimation. 2001.

Band 13 Birgit Stiassny-Gutsch: Bewerbungstraining. Fachtheoretisches und fachpraktisches Ausbildungscurriculum unter Einbeziehung von Berufswahlprozess und rationalem Entscheidungsverhalten. 2002.

Band 14 Regina Weinstabl: Erziehungsprobleme in der Adoleszenz. 2002.